FACULTÉ DE DROIT DE TOULOUSE

DROIT ROMAIN

DE LA

JURIDICTION CRIMINELLE
DES ASSEMBLÉES POPULAIRES

DROIT FRANÇAIS

DU RECLASSEMENT DES DÉLINQUANTS
DANS LA SOCIÉTÉ
LIBÉRATION CONDITIONNELLE ET PATRONAGE

(Loi du 14 Août 1885. — T. I et II.)

THÈSE POUR LE DOCTORAT
Par Ferdinand DOREL
AVOCAT

TOULOUSE
IMPRIMERIE FIRMIN ESTELLÉ
3, RUE MIREPOIX, 3

1891

FACULTÉ DE DROIT DE TOULOUSE

DROIT ROMAIN

DE LA

JURIDICTION CRIMINELLE

DES ASSEMBLÉES POPULAIRES

DROIT FRANÇAIS

3861

DU RECLASSEMENT DES DÉLINQUANTS

DANS LA SOCIÉTÉ

LIBÉRATION CONDITIONNELLE ET PATRONAGE

(Loi du 14 Août 1885. — T. I et II.)

THÈSE POUR LE DOCTORAT

Par Ferdinand DOREL

AVOCAT

TOULOUSE

IMPRIMERIE FIRMIN ESTELLÉ

3, RUE MIREPOIX, 3

1891

FACULTÉ DE DROIT DE TOULOUSE

MM. PAGET, ※, Doyen, professeur de Droit romain.

BONFILS, ※, Doyen honoraire, professeur de Droit commercial.

ARNAULT, ※, professeur d'Économie politique.

DELOUME, professeur de Droit romain.

CAMPISTRON, professeur de Code civil.

WALLON, professeur de Code civil.

BRESSOLLES, professeur de Procédure civile.

VIDAL, professeur de Droit criminel.

HAURIOU, professeur de Droit administratif.

BRISSAUD, professeur d'Histoire générale du Droit.

ROUARD DE CARD, professeur de Code civil.

DE BŒCK, agrégé, chargé du cours de Science financière.

MÉRIGNHAC, agrégé, chargé du cours de Droit international privé.

TIMBAL, agrégé, chargé du cours de Droit constitutionnel.

DESPIAU, agrégé, chargé du cours d'Histoire générale du Droit français public et privé.

M. MOUSSU, secrétaire.

M. HUMBERT, O. ※, sénateur, professeur honoraire.

M. HUC, ※, Conseiller à la Cour d'appel de Paris, professeur honoraire.

M. BRESSOLLES, ※, professeur honoraire.

M. GINOULHIAC, ※, professeur honoraire.

POUBELLE, O. ※, professeur honoraire, préfet de la Seine.

PRÉSIDENT DE LA THÈSE : M. BRESSOLLES.

SUFFRAGANTS { MM. VIDAL.
                 BRISSAUD.
                 TIMBAL.

La Faculté n'entend approuver ni désapprouver les opinions particulières du candidat.

A LA MÉMOIRE DE MON PÈRE

———

A MA MÈRE

———

A MA FAMILLE — A MES AMIS

OUVRAGES CONSULTÉS

DROIT ROMAIN

Œuvres de Tite-Live, Valère Maxime, Cicéron, Salluste, Tacite (Collection Nisard).

Denys d'Halycarnasse, Polybe, Plutarque (Vitæ).

Accarias. — Précis de Droit romain ; 4e édit. — Paris, 1886.

Belot. — Histoire des Chevaliers romains. — Paris, 1869.

Bouché-Leclercq. — Manuel des Institutions romaines. — Paris, 1886.

Boys (Du). — Histoire du Droit criminel des peuples anciens. — Paris, 1845.

Deloume. — Les Manieurs d'argent à Rome. — Paris, 1890.

Duméril (A.). — Aperçu sur les Révolutions du Droit criminel à Rome sous la République, d'après les travaux les plus récents publiés en France (Revue générale de Droit, 1883).

Faustin-Hélie. — Traité de l'Instruction criminelle ; T. I, 2e édit. — Paris, 1867. — Le Droit pénal dans la Législation romaine, revue critique de législation et de jurisprudence, 1882.

Fustel de Coulanges. — La Cité antique ; 12e édit. — Paris, 1888.

Henriot. — Mœurs juridiques et judiciaires de l'ancienne Rome. — Paris, 1865.

Laboulaye. — Essai sur les lois criminelles des Romains, concernant la responsabilité des magistrats. — Paris-Leipzig, 1845.

Madvig. — L'Etat romain, sa constitution et son administration, traduction Charles Morel. — Paris, 1882.

Maynz. — Esquisse historique du Droit criminel de l'ancienne Rome (Extrait de la nouvelle Revue historique du Droit français et étranger, 1882).

Mérimée (P.). — Etudes sur l'Histoire romaine (Guerre sociale. — Conjuration de Catilina) ; 4e édit. — Paris, 1883.

Mommsen. — Histoire romaine, traduction Alexandre. — Paris, 1863.

Mommsen et Marquardt. — Manuel des Antiquités romaines. — Le Droit public romain (Mommsen), traduction Girard. — Paris, 1887.

Niébuhr. — Histoire romaine, traduction de Golbéry sur la 3e édition. — Paris, 1830.

Ortolan. — Législation romaine ; 11e édition, revue par Labbé. — Paris, 1880.

Voigt. — Die XII Tafeln. — Leipzig, 1883.

Walter. — Histoire du Droit criminel chez les Romains, traduction Picquet-Damesme. — Paris-Grenoble, 1863.

Willems. — Le Droit public romain depuis l'origine de Rome jusqu'à Constantin le Grand ; 3e édition. — Louvain, 1874. — Le Sénat de la République romaine, sa composition et ses attributions. — Louvain-Paris, 1883.

Zumpt. — Das Criminalrecht der romischen Republik. — Berlin 1865.

DROIT FRANÇAIS

Journal Officiel. — Proposition au Sénat ; sess. extr. 1882, annexe no 235, p. 351. — Rapport sommaire Le Guen, sess. ord. 1883, ann. no 134, p. 559. — Rapport Bérenger, sess. extr. 1883, ann. no 149, p. 1187. — Rapport supplémentaire Bérenger, sess. ord. 1884, ann. no 77, p. 195. — Première délibération, séances des 21 et 22 mars 1884. — Deuxième délibération, séance du 1er avril 1884.

Rapport Gomot à la Chambre des Députés, sess. extr. 1884, no 3231. p. 2106. — Discussion, séances des 16 et 18 mai 1885.

Rapport Bérenger au Sénat, sess. ord. 1885, no 171, p. 183. — Discussion, séance du 20 juin 1885.

Rapport Gomot à la Chambre des Députés, sess. ord. 1885, no 3914, p. 1049. — Séance du 17 juillet 1885.

Interpellation Bérenger sur l'application des lois du 5 juin 1875 et du 14 août 1885. Sénat, séance du 27 janvier 1888.

Rapport et décret sur les pénalités applicables aux forçats dans les colonies pénitentiaires. — 12 octobre 1889.

Rapport adressé au Président de la République par le Ministre de l'Intérieur, suivi de divers documents relatifs à l'application de la loi du 11 août 1885 en ce qui concerne la mise en pratique du système de la libération conditionnelle. — 15 juin 1890.

Rapport adressé au Ministre de l'Intérieur sur le Congrès pénitentiaire international et l'Exposition spéciale de Saint-Pétersbourg,
par M. Herbette, directeur de l'Administration pénitentiaire. —
10 et 11 septembre 1890.

Rapport adressé au Président de la République par le Garde des
Sceaux, ministre de la justice et des cultes, sur l'Administration
de la Justice criminelle en France et en Algérie pendant l'année
1888. — 31 janvier 1891.

Loi sur l'atténuation et l'aggravation des peines. — Proposit. au
Sénat, sess. ord. 1884, ann. n° 159. — Rapport Bérenger, sess.
ord. 1890, ann. n° 27. — Première délibération, séance du
23 mai 1890. — Deuxième délibération, séances des 3, 9, 10,
20, 27 juin, 7 juillet 1890.

Rapport Barthou à la Chambre des Députés, sess extr. 1890, ann.
n° 1067, p. 463. — Discussion, séance du 3 mars 1891.

Discussion au Sénat, séance du 19 mars 1891. — A la Chambre,
séance du 22 mars 1891.

Alimena (B.). — Le Projet du Nouveau Code pénal italien. — Lyon-
Paris, 1888.

Auzies. — Les Récidivistes et la Loi du 28 mai 1885. — Paris, 1885.

Beltrani Scalia. — La Riforma penitenziaria in Italia. — Rome, 1879.

Bérenger. — De la Répression pénale, de ses formes et de ses
effets. — Paris, 1855.

Bonneville de Marsangy. — Institutions complémentaires du Régime
pénitentiaire. — Paris, 1847. — De l'Amélioration de la loi criminelle. — Paris, 2e édition, 1864.

Bulletin de la Société générale des prisons. — Juin 1880, Conférence de M. Jules Simon sur le patronage. — Juin 1889, Le
Patronage des détenus libérés : Son histoire et son développement pendant ces cent dernières années, par M. Fuchs (Traduction de M. Turcas). — Janvier 1890, Étude sur le projet de
Code pénal de Neuchâtel, par M. Georges Leloir. — Le Régime
cellulaire en Belgique, projet de loi du 5 juillet 1889. — Février 1890, Le Régime pénal et pénitentiaire aux États-Unis de
l'Amérique du Nord, par Georges Dubois. — Novembre 1890,
Étude statistique sur les prisons de la Grande-Bretagne, par
Lallemand. — La Libération conditionnelle et le casier judiciaire dans le nouveau Code pénal d'Italie.

Bulletin de la Société de Législation comparée ; mars 1889. —
Étude sur le système pénitentiaire du nouveau Code pénal des
Pays-Bas, par Albert Rivière.

Chauveau et Faustin Hélie. — Théorie du Code pénal. — Paris ; 6e édit., 1887-88.

Correspondant (Le), nos des 25 mai, 25 juin, 25 juillet 1880. — Le Prisonnier libéré, par Lefébure.

Desportes et Lefébure. — La Science pénitentiaire au Congrès de Stockholm — Paris, 1880.

Enquête parlementaire sur le Régime des Établissements pénitentiaires. — Versailles et Paris, 1873.

Garraud. — Précis de Droit criminel. — Paris ; 2e édit., 1885.

Garofalo. — La Criminologie. — Paris, 1888.

Gazette des Tribunaux, nos des 8-9 juin et 11 juin 1885. — Le projet de loi sur les moyens de prévenir la récidive, par Henri Prudhomme.

Guillot. — Les Prisons de Paris et les Prisonniers. — Paris, 1890.

Lombroso. — L'Homme criminel (Traduction de MM. Régnier et Bournet, sur la 4e édition). — Paris, 1887.

Pasinomie (La) ou Collection complète des Lois, Décrets, Arrêtés et Règlements généraux, qui peuvent être invoqués en Belgique ; année 1888. — Bruxelles.

Prins. — La Loi sur la Libération conditionnelle et les Condamnations conditionnelles (Extrait de la Revue de Belgique). — Bruxelles, 1888.

Société centrale pour le Patronage des libérés. Premier compte-rendu, 1890.

Société Générale pour le Patronage des libérés. Comptes-rendus, années 1881-83 et 1888.

Société de Patronage pour les détenus libérés des Prisons de Genève. Comptes-rendus, 1887, 1888, 1889.

Tarde. — Philosophie pénale. — Paris, 1890.

Temps (Journal le). — 8 mai 1885, A propos des récidivistes, par Jules Reinach. — 18 mai 1885, La Loi Bérenger, par Jules Léveillé. — 12 septembre 1885, L'Exécution de la Loi sur les récidivistes, par Jules Leveillé.

Vidal. — Principes fondamentaux de la pénalité dans les systèmes les plus modernes. — Paris, 1890.

Villion (Abbé). — Rapport sur les Refuges ouverts aux libérés adultes (Extrait du Bulletin de la Société Générale des Prisons, 1888).

DROIT ROMAIN

DE LA JURIDICTION CRIMINELLE

DES ASSEMBLÉES POPULAIRES

La juridiction criminelle des assemblées populaires est, en même temps qu'une des plus importantes, une des plus intéressantes institutions de l'ancienne Rome. Les diverses phases de son histoire se rattachent à l'évolution de la souveraineté du peuple romain et sa procédure libérale rappelle, par son mode d'instruction, les réformes que cer-

1

tains esprits proposent d'introduire dans notre Code criminel.

Nous l'étudierons, par conséquent, au double point de vue de son histoire et de sa procédure dans trois chapitres :

Chapitre premier. —- Origine et développement.

Chapitre II. — Procédure.

Chapitre III. — Décadence et transformation.

CHAPITRE PREMIER

Origine et développement de la juridiction crimi-nelle des assemblées populaires.

Le développement de la juridiction de l'assemblée du peuple présente trois périodes depuis son origine jusqu'à son apogée. Cette institution, d'abord tout à fait exceptionnelle, devient, sous l'influence des événements, le pivot de la justice criminelle et finit, à la faveur de la lutte des ordres, par annihiler l'ancienne juridiction souveraine des rois, transformée, entre les mains des consuls, en une juridiction de première instance.

D'où trois sections :

Section première. — Des premiers temps de Rome à la loi *Valeria ;*

Section II. — De la loi *Valeria* à la loi des Douze Tables;

Section III. — La loi des Douze Tables.

SECTION PREMIÈRE

DES PREMIERS TEMPS DE ROME A LA LOI VALERIA

La *provocatio ad populum* ou appel au peuple paraît remonter aux premiers temps de Rome, comme l'affirment Cicéron [1] et Sénèque. L'histoire en parle, pour la première fois, à propos du procès d'Horace [2], ce qui a fait attribuer cette institution à Tullus Hostilius (Liv. I, 26). Cependant, d'après certains auteurs, elle daterait seulement de la République.

Willems [3] lui assigne pour point de départ la loi *Valeria*. A l'appui de cette opinion, il argumente de ce que les auteurs anciens ne mentionnent aucune cause soumise au peuple sous le règne des successeurs de

---

1. « Provocationem etiam a regibus fuisse declarant pontificii libri, significant nostri etiam augurales. » (Cic., de Rep. II, 31). — « Provocationem ad populum a regibus fuisse. » (Sénèque, Epist. Lucil., n° 107.)

2. « Atrox visum id facinus Patribus plebique ; sed recens meritum facto obstabat ; tamen raptus in jus ad regem, Rex, ne ipse tam tristis ingratique ad vulgus judicii, aut secundum judicium, supplicii auctor esset, concilio populi advocato « Duumviros, inquit, qui Horatio perduellionem judicent, secundum legem facio. » Lex horrendi carminis erat : « Duumviri perduellionem judicent. Si a duumviris provocarit, provocatione certato ; si vincent caput obnubito, infelici arbori reste suspendito ; verberato vel intra pomœrium, vel extra pomœrium. Hac lege duumviri creati, qui se absolvere non rebantur ea lege, ne innoxium quidem, posse, quum condemnassent : tum alter ex his : « P. Horatio, tibi perduellionem judico, inquit. I, lictor, colliga manus. « Accesserat lictor, injiciebat que laqueum. Tum Horatius, auctore Tullo, clemente legis interprete ; « Provoco » inquit. Ita de provocatione certatum ad populum est. Moti homines sunt in eo judicio, maxime P. Horatio patre proclamante, se filiam, jure cæsam judicare : ni ita esset, patrio jure in filium animadversurum fuisse..... Non tulit populus nec patris lacrymas, nec ipsius parem in omni periculo animum : absolveruntque admiratione magis virtutis, quam jure causæ. »

3. Le Droit public romain, p. 29, n° 2.

Tullus et du caractère *sine provocatione* de la dictature, rétablissement temporaire de la royauté [1]. Mais
l'attitude de Tarquin l'Ancien, Servius Tullius et Tarquin le Superbe vis-à-vis du corps des citoyens de cette
époque, suffit à expliquer le silence des auteurs par le
non exercice de la *provocatio*, sans qu'il soit nécessaire
d'alléguer l'inexistence de cette institution. D'autre
part, la dictature ayant été créée après la loi *Valeria*,
il nous semble que les mots *sine provocatione* doivent
s'interpréter exclusivement dans ce sens que le dictateur n'était nullement tenu, à la différence des autres
magistrats, de faire droit à la demande d'appel formée
par le condamné. Cependant, la *provocatio* n'en continuait pas moins d'exister et pouvait être autorisée par
le dictateur (Liv. VIII, 33) [2].

C'est précisément ce droit d'autoriser ou de refuser
l'appel qui caractérise la *provocatio ad populum* sous
les rois. Car, remarquons-le bien, la *provocatio* n'est
pas à cette époque, pour les citoyens, comme elle le fut

1. Fr. 2, § 18. D. de origine juris. l. I, t. II. « ..... Hunc magis-
tratum, quoniam *summam potestatem* habebat, non erat fas
ultrà sextum mensem retinere. » — Mommsen, Hist. rom., t. II,
p. 14. — Madvig, l'Etat romain, t. II, p. 210.

2. Citation du général de la cavalerie Fabius par le dictateur
Papirius pour désobéissance à ses ordres : « Tum pater M. Fabius : « Quandoquidem, inquit, apud te nec auctoritas senatus, nec
ætas mea, cui *orbitatem* paras, nec virtus nobilitasque magistri
equitum, a te ipso nominati, valet, nec preces, quæ sæpe hostem
mitigavere, quæ deorum iras placant, tribunos plebis appello et
provoco ad populum, eumque tibi, fugienti exercitus tui, fugienti
senatus judicium, judicem fero, qui certe unus plus, quam tua
dictatura, potest polletque. Videro, cessurusne provocationi sis,
cui rex romanus Tullus Hostilius cessit..... »

sous la République, un droit, une garantie contre l'arbitraire du magistrat, l'*unicum præsidium libertatis*[1]. Sans doute, le souverain pouvoir émane du peuple, mais par l'investiture de la loi curiate, le roi est revêtu d'une autorité absolue[2] dans les limites de la coutume. Dès lors, on comprend que ses sentences ne puissent être révisées par le peuple sans son consentement. D'ailleurs, le roi seul avait compétence pour réunir l'assemblée des citoyens. Le texte, déjà cité, de Tite-Live met bien en relief cette autorisation de l'appel par le roi : « Tum Horatius, auctore Tullo, clemente legis interprete : *provoco* inquit » (Liv. 1, 26)[3].

D'après l'opinion de Lange[4], adoptée par Bouché-Leclercq[5], la *provocatio* n'aurait pu être exercée qu'à l'égard des délégués extraordinaires du roi, les *duumviri perduellionis*. Mais ces *duumviri* rendaient leur

---

1. Liv. III, 55 : Cic. de Orat.; II, 48 : « provocationem, patronam illam civitatis. »

2. Fr. 2. § 1, D. de orig. juris., Liv. I, T. 2 : « Et quidem initio civitatis nostræ populus sine lege certâ, sine jure certo primum agere instituit ; omniaque manu a regibus gubernantur ».

Id. § 14 : « Quod ad magistratus attinet, initio civitatis hujus constat, reges omnem potestatem habuisse. »

Tacite, Annales, III, 26. Momms., His. rom., I, p. 88. Momms. et Marq., Manuel des inst. rom. : le Dr. pub. rom., t. I, p. 170, p. 182 ; Zumpt, das Criminalrecht der Römisch. Rep. I, p. 42. Faustin-Hélie, Le Droit pénal dans la législ. rom. (Rev. crit. de législ. 1882, p. 28) ; A. Duméril, Aperçu sur la révol. du dr. crim. à Rome sous la Rép. (Revue gén. du droit, VIII, 1883, p. 321).

3. Mommsen, Hist. rom., t. I, p. 205.

4. Römische-Alterthümer, I, 328-29, V. aussi Walter, Hist. du dr. crim. chez les Rom., n° 828, p. 62.

5. Bouché-Leclercq, Man. des inst. rom., p. 120.

sentence au nom et à la place du roi, qui les nommait, comme le prouve le texte de Tite-Live : « *Duumviros,* « *inquit, qui Horatio perduellionem judicent, secun-* « *dum legem facio* [1]. » Leur sentence était, par conséquent, censée rendue par le roi lui-même, d'où nous conclurons que si la *provocatio* était possible en pareil cas, elle devait l'être également contre les sentences royales, étant donnée surtout sa subordination à l'autorisation du roi, *auctore Tullo.*

Cependant certains auteurs [2], s'appuyant sur les textes précités de Cicéron et de Sénèque [5], prétendent que la *provocatio* était obligatoire pour les rois.

M. Maynz [4], contestant le caractère absolu du pouvoir royal, soutient même que l'assemblée du peuple a été, dès les premiers temps de Rome, le juge criminel ordinaire, statuant soit directement, soit par l'intermédiaire de *quæstores*, délégués soumis à la *provocatio*. Nous nous bornerons à rapprocher ces opinions de la manifestation qui suivit le vote de la loi *Valeria* : la suppression de la hache des faisceaux consulaires dans l'enceinte de Rome [5]. La hache, conservée aux magistrats sans appel [6], dictateurs et consuls en campagne, symbolisait donc le droit de

1. Liv. i, 26.

2. Notamment Niebuhr. Hist. rom. t. ii, p. 315. Rein, Pauly Realencyclopædie, vi, 1, 156.

3. V. suprà, p. 1, no 1.

4. Esquisse historique du Droit criminel de l'ancienne Rome. p. 10 (Extrait de la nouvelle Revue hist. du Droit fr. et étrang., 1882).

5. Cic. de Rep., ii, 31 ; Val. Max., iv, 1, 1.

6. V. infra, p. 14.

prononcer, en dernier ressort, une condamnation capitale. Or, puisque jusqu'à la loi *Valeria* elle figure, d'une manière permanente, dans les faisceaux des consuls, il faut conclure que, jusqu'à cette époque, les consuls ont une juridiction criminelle sans entraves, entièrement indépendante de l'assemblée du peuple. Cette juridiction capitale, qui appartenait *à fortiori* aux rois et qui, pour eux, équivalait en quelque sorte, au droit de vie et de mort, par suite du principe de l'inviolabilité du magistrat pendant la durée de ses fonctions, dénote le caractère absolu du pouvoir royal et semble devoir faire écarter toute idée de juridiction populaire concurrente ou restrictive de la juridiction royale [1].

Quelle est la nature de la *provocatio* sous les rois? Faut-il voir, dans l'assemblée des citoyens, une juridiction d'appel ou un pouvoir dépositaire du droit de grâce, suivant l'opinion de Mommsen? [2].

---

1. « Omnia conficiebantur judiciis regis » (Cic. de Rep., v, 2). — Momms. et Marq., Manuel des ant. rom., le dr. pub. rom , t. vi, 1re part., p. 401.

2. Momms., H. R., t. i, p. 107; Momms. et Marq., op. cit., t. vi, 1, p. 405. — Mommsen explique même par ce caractère de recours en grâce qu'aurait eu, d'après lui, à l'origine, la *provocatio ad populum*, l'arbitraire des sentences des assemblées du peuple sous la République. « Le peuple statue dans sa souveraineté, dit-il (Dr. publ. rom., p. 411). De par la nature de cette institution, non seulement il doit absoudre le citoyen condamné à tort, mais il peut gracier le citoyen condamné à bon droit. En face de la manière misérable dont se passent les faits devant le prétendu tribunal du peuple de la fin de la République, où la décision dépend de toute autre chose que de l'appréciation légale du fait, il ne faudrait pas

Il paraît résulter du texte de Tite-Live que la *pro-vocatio* constituait un véritable appel. Nous assistons, en effet, devant le peuple, à une réédition du procès. *Certatum est*, on plaide. *Moti homines sunt in eo judi-cio.* Tous les juges sont émus. *Absolverunt*, on acquitte, ce que les duumvirs, plus tenus au respect de la loi, ne s'étaient pas crus autorisés à faire, *qui se absolvere non rebantur ea lege.* En outre, la loi citée par Tite-Live assimile l'instance devant le peuple à une lutte, à un débat, dans lequel les duumvirs ont à défendre leur sentence : « Si a duumviris provocarit, provocatione certato, si *vincent*, caput obnubito..... [1]. »

D'autre part, la loi *Valeria* fut l'abrogation du droit des consuls, héritiers du pouvoir royal [2], de s'opposer à la *provocatio*. Or, nous verrons plus loin que l'usage, fréquent depuis cette époque, de la *provocatio*, même préalable à la connaissance du procès par la juridiction

oublier une excuse : théoriquement, c'est un recours en grâce qui est formé devant le peuple dans une affaire légalement vidée. Le récit paradigmatique du procès des Horaces est, à bon droit, conçu de telle sorte que, d'une part, la gravité du crime et la certitude de la preuve, et, d'autre part, le droit moral du criminel patriote à sa grâce y sont également élevés au point le plus extrême. Le citoyen romain qui absout un coupable ne fait pas autre chose que ne fait dans un État monarchique le roi, en usant du droit de grâce. Dans cette République, ce n'est pas seulement le Sénat qui est une assemblée de rois, chaque citoyen est aussi roi pour sa part. » Peut-on dire cependant de notre jury, acquittant un accusé mani-festement coupable, qu'il exerce le droit de grâce.

1. Liv. i, 26.

2. Fr. 2, § 16. D. de orig. juris., liv. i, t. ii. « Exactis deinde regibus, consules constitui sunt duo, penes quos summum jus uti esset, lege rogatum est. »

consulaire, abrogea bientôt en fait cette juridiction.
Par conséquent, puisque l'appel pouvait être interjeté
avant le jugement de premier ressort et que l'exercice
habituel de ce droit fit tomber en désuétude une juridiction devenue inutile, la loi *Valeria* n'ayant rien
changé au fond à la *provocatio*, nous devons nécessairement reconnaître que la *provocatio* n'était pas, sous
les rois, un recours en grâce, mais bien la demande
d'une juridiction supérieure, la juridiction souveraine
du peuple.

La *provocatio* d'Horace fut soumise aux comices curiates, seule assemblée du peuple à cette époque. A côté
de la division par curies, restreinte aux citoyens
romains, un roi, parvenu, dit-on, par surprise au trône,
d'où l'excluait son origine étrangère, Servius Tullius
établit une nouvelle division plus large, comportant la
distribution de tous les habitants libres du territoire
romain en différentes classes, basées sur la fortune.

Dans l'esprit de Servius Tullius, cette institution
était, sans doute, destinée à supplanter un jour l'assemblée curiate ; elle devait tendre à réaliser, à l'aide
d'un procédé plus habile, la réforme déjà tentée sans
succès par Tarquin l'Ancien ; mais nous pensons, avec
Mommsen [1], qu'elle n'a eu, à l'origine, d'autre but
apparent et d'autre effet que l'incorporation dans
l'armée d'un contingent jusque-là négligé et la répartition logique et uniforme de l'impôt. Cette réorganisation de l'armée dut avoir pour conséquence de faire
passer aux centuries la connaissance de certaines
affaires spéciales, comme le testament militaire et la

---

1. Hist. rom., I, p. 127.

déclaration d'une guerre offensive. La compétence, en´ matière criminelle, paraît ne leur avoir été dévolue que plus tard. M. Bouché-Leclerq [1] suppose que Servius Tullius les en investit. Cependant, le droit de rendre la justice est un attribut de la souveraineté ; or, le transfert d'une partie de la souveraineté populaire d'une assemblée à une autre, amenant un changement dans la Constitution, n'aurait pu s'accomplir sans le concours des comices curiates et rien ne vient expliquer pourquoi les patriciens, si jaloux de leurs privilèges, auraient consenti à partager leur juridiction d'appel avec les plébéiens.

D'après Walter [2], la *provocatio* appartint aux comices curiates jusqu'à la législation décemvirale. Il est plus probable qu'elle fut transportée aux comices par centuries, en même temps que la souveraineté, après l'expulsion des rois. Si l'on admet l'opinion de Mommsen [3], qui répartit, à cette époque, la plèbe dans les diverses curies, comme le vote de chaque curie était formé à la majorité de ses membres, et que l'égalité de suffrage existait entre elles, on comprend aisément que les patriciens aient eu, dès lors, le plus grand intérêt à faire exercer la souveraineté populaire par l'assemblée des centuries, où leur fortune leur assurait la prépondérance.

Toujours est-il que ce changement de juridiction ne modifia point le caractère de la *provocatio*. Elle

1. Man. des inst. rom., p. 120.
2. Histoire du Droit criminel chez les Romains, § 829, p. 63.
3. Hist. rom , II, p. 16,

demeura soumise à l'autorisation des consuls [1]. Les fils
de Brutus en auraient vraisemblablement appelé au peuple, si leur père n'avait eu la faculté de paralyser leur
recours [2]. Mais, par suite de la collation du droit de cité
à la plèbe, le droit de *provocatio* s'étendit aux plébéiens, qui n'avaient pas dû jusque-là pouvoir l'invoquer.

Après la chute de la royauté causée surtout par les
efforts de Tarquin le Superbe pour amoindrir la puissance des patriciens, ceux-ci se virent contraints à
quelques concessions à la plèbe, leur alliée dans la
révolution qui venait de s'accomplir. Soucieux de conserver intacte leur suprématie, ils cherchèrent, dans la
nouvelle constitution, à retirer d'une main ce qu'ils
donnaient de l'autre. Il leur fut facile de triompher de
la plèbe, encore sans cohésion et sans chefs, n'ayant
pour objectif que son admission dans la cité. Si la souveraineté fut dévolue aux centuries où d'ailleurs dominait la caste patricienne, l'assemblée du peuple ne put
être réunie que par les consuls, magistrats patriciens,
armés l'un contre l'autre d'un droit de veto : l'interces-

---

1. V. notamment Mommsens et Marquardt, Man. des antiq. rom.
Dr. pub. rom., 1, p. 170. Duméril. Aperçu sur les révol. du dr. crim.
à Rome sous la rép. (Rev. gén. dr. 1883, p. 324). Du Boys, Hist.
du dr. crim. des peup. anc., p. 284, note 1.

2. Il ressort clairement des textes relatifs à la condamnation des
fils de Brutus (Liv. II, 5. Val., Max., Liv. V, c. VIII, 1), que, contrairement à l'opinion émise par Plutarque (Publicola, 6, 7), et
adoptée par certains auteurs modernes, entre autres Maynz (Esq.
du dr. crim. anc. Rom., p. 16, note 3), Brutus jugea en qualité de
consul et non en qualité de *paterfamilias*. (V. auteurs et passages
cités à la note précéd.)

sion; ses décisions durent être sanctionnées par le Sénat, peut-être même, suivant l'opinion de Mommsen[1], par les sénateurs patriciens seuls; enfin elle put être dissoute, sous prétexte d'auspices défavorables, dont l'interprétation appartenait aux consuls assistés d'augures, également patriciens. De telle sorte qu'à première vue la constitution républicaine paraît plus asservissante pour la plèbe que le régime monarchique, la puissance patricienne n'étant plus modérée par le pouvoir royal.

SECTION II

DE LA LOI VALERIA A LA LOI DES DOUZE TABLES

Cependant, le but visé dans cette constitution était loin d'être obtenu, car si elle protégeait, dans la mesure du possible, l'oligarchie patricienne contre les entreprises de la plèbe, elle ne mettait point obstacle au rétablissement de la royauté. On avait bien fait jurer au peuple que Rome ne souffrirait plus de rois et obligé Tarquin Collatin, collègue de Brutus, à résigner sa magistrature, en raison de sa parenté avec la famille royale[2]. Mais le pouvoir considérable des consuls, malgré le contre-poids de la collégialité, était de nature

---

1. Hist. rom. t. II, p. 18 et append., p. 362 (B. de la confirmation des lois).

2. Liv. II, 1 et 2

à favoriser le coup d'Etat d'un ambitieux qui devait
trouver, dans ses attributions judiciaires, le moyen
de combattre, avec avantage, toute résistance, sous
le couvert de la légalité. Le danger se révéla
clairement quand, après la mort de Brutus, son
collègue Valerius voulut gouverner seul. Les menées des patriciens dans cette circonstance eurent
pour résultat de mettre aux mains de l'assemblée du
peuple l'administration de la justice criminelle.

Pour se disculper de l'accusation d'aspirer à la
royauté portée contre lui, Valerius présenta une série
de lois de garantie, qui lui valurent le surnom de *Publicola* (246 U. C. — 508 av. J.-C.).

L'une d'elles reconnaissait à la *provocatio ad populum* un effet obligatoire. « Ne quis magistratus
civem romanum *adversus* provocationem necaret aut
verberaret » (Cic., Rép. ii, 31)[1].

Mais, comme il importait de ne point affaiblir la
discipline militaire, l'application de cette loi fut restreinte à Rome et à ses environs dans un rayon d'un
mille[2]. Les consuls, seuls juges de première instance
en matière criminelle, ne sortaient de ce périmètre
qu'à la tête de l'armée.

---

1. Fr. 3, § 16. D. de origine juris, liv. i, t. ii.
« ..... Dicti sunt ab eo quod plurimum republicæ consulerent,
qui tamen ne per omnia regiam potestatem sibi vindicarent, lege
lata factum est, ut ab eis provocatio esset, neve possent in caput
civis romani animadvertere injussu populi, solum relictum est iis
ut coercere possent, ut vincula publica duci juberent. »

2. Liv. iii, 20. « ..... neque enim provocationem esse longiùs ab
Urbe mille passuum. »

Pour le même motif, le caractère *sine provocatione* fut attribué à la dictature, sorte d'état de siège, centralisation du pouvoir entre les mains d'un général dans un moment d'extrême péril.

D'autre part, la puissance paternelle constituant à Rome une institution inviolable, la loi *Valeria* ne put être invoquée contre les sentences capitales du *paterfamilias*. Le *paterfamilias*, maître plus absolu dans sa famille que le roi dans l'Etat, avait le droit de condamner à mort, avec l'assistance d'un conseil purement consultatif, composé des parents les plus proches, sa femme et ses enfants. Tite-Live rapporte que, d'après certains historiens, Spurius Cassius, auteur de la première proposition de loi agraire, fut condamné par son père (268 U. C. — 486 av. J.-Ch.). « Sunt qui patrem auctorem ejus supplicii ferant, eum cognita domi causa verberasse ac necasse » (Liv. II, 41) [1]. Nous trouvons même un exemple de juridiction paternelle dans l'avant-dernier siècle de la République : le procès privé du préteur concussionnaire Julius Silanus (613 U. C. — 141 av. J.-Ch.) (Liv. ep. 54). La loi donnait ainsi au *paterfamilias* la faculté de soustraire sa famille à la honte de la condamnation et de l'exécution publiques [2] d'un de ses membres. Cette juridiction n'était pas limitée aux infractions d'ordre public, elle assurait également le respect de l'autorité du *paterfamilias*. Le citoyen, protégé contre l'excès de sévérité et l'arbitraire des magistrats, n'avait par conséquent d'autre garantie que l'affection à l'égard de

---

1. V. égal. Cic., Rep. II, 35. — Val. Max, liv. v, c. VIII, 2.
2. Liv. XXXIX, 18.

la toute-puissance de son chef de famille, un simple particulier cependant[1].

Enfin la *provocatio*, étant un privilège attaché à la qualité de citoyen romain, la loi *Valeria* ne fut applicable ni aux étrangers [2], ni aux femmes [3].

Certains auteurs soutiennent même que les citoyens ne pouvaient l'invoquer à Rome contre les magistrats ordinaires en toute circonstance.

D'après Zumpt, Niebuhr et Walter [4], elle n'aurait pas été possible ou du moins obligatoire dans le cas de flagrant délit. Walter cite à l'appui de cette opinion trois textes (Liv. II, 4; Cic., in Cat. 11; Sall. Cat. 52). Il convient d'écarter *a priori* les deux premiers, car l'un se réfère à une époque où la *provocatio* ne constituait pas encore un droit pour les citoyens [5], l'autre est extrait d'un réquisitoire de Cicéron, chef d'œuvre d'éloquence et d'habileté, mais d'une valeur très discutable au point de vue des assertions historiques qu'il contient. Le troisième, tiré de Salluste, « de confessis sicuti de manifestis rerum capitalium, more majorum, supplicium sumendum, » paraît plus concluant. Ne faut-il pas cependant l'interpréter dans ce sens, que le coupable d'un crime capital manifeste ou avoué ne doit point

---

1. Faustin-Hélie. Le dr. pen. dans la législ. rom. Rev. crit. législ. et jurispr. 1882, p. 27.

2. Faustin-Hélie, op. cit., p. 30. Mommsen et Marquardt. Man. des Ant. rom. Dr. publ. rom., VI, 2, p. 257.

3. Mommsen et Marquardt, op. cit., t. I, p. 183.

4. Das criminalr. der Romisch. Rep. I, 1, 191 ; — Hist. rom., t. IV, p. 16 ; — Hist. dr. crim. rom., n° 831, p. 65.

5. Condamnation des fils de Brutus.

jouir de la faculté de se soustraire au supplice, et le
considérer, en conséquence, comme relatif à cette règle
des derniers siècles de la République, rapportée par
Cicéron [1], aux termes de laquelle le criminel flagrant
ou *confessus* était privé du bénéfice de la liberté
provisoire.

Cette exception ne peut d'ailleurs se concilier avec
les formules larges que les écrivains anciens nous donnent de la *provocatio* [2].

En second lieu, Mommsen [3] déclare la *provocatio*
inefficace dans le cas de légitime défense du consul,
c'est-à-dire dans le cas d'offense à ce magistrat ou
d'entrave à l'exécution de ses ordres. Une pareille
exception ne conduit-elle point au caractère absolu du
droit de coercition (que la loi *Valeria* a eu précisément pour but d'abolir), permettant ainsi au consul
de s'affranchir de tout contrôle sur le terrain le plus
favorable aux abus de pouvoir, en matière politique?
Mommsen, qui parle de cette exception d'une manière
générale au sujet du droit de coercition [4], ajoute, il est
vrai, qu'en usant du droit de légitime défense, le consul s'expose à une accusation capitale à sa sortie de
charge. Mais, dans ces conditions, il est loisible au
consul en raison de son inviolabilité pendant la durée

1. Epist. Att., ii, 24, v. infr. p. 4.

2. V. à l'appui de notre opinion, Prócès d'Horace, suprà, p. 4, n. 2.

3. Mommsen et Marquardt. Man. ant. rom., Dr. publ. rom.,
t. i, p. 171.

4. Mommsen admet, en effet, que la loi Valeria n'a eu d'autre
sanction que l'infamie.

de ses fonctions, d'agir en toute circonstance au mépris de la *provocatio*, sauf intercession [1].

En effet, malgré la loi *Valeria*, les consuls pouvaient paralyser l'exercice de la *provocatio ad populum* puisqu'ils avaient seuls compétence pour convoquer les comices. La loi *Valeria* ne prononçait aucune peine contre ce déni de justice. Il y avait simplement, disent les auteurs anciens, *improbe factum*. On n'est pas d'accord sur la signification de cette formule [2].

Mommsen [3] et Niebuhr [4] se prononcent pour l'infamie, déchéance des droits publics et de certains droits privés, en particulier du droit de paraître comme témoin, sorte d'interdiction des droits civils et politiques qui différait de la *notatio infamiœ* des censeurs par son caractère perpétuel.

1. V. le 2º exemple cité par Mommsen, op. cit. p. 173.
Mommsen (op. cit. t. vi, 1, p. 386), considère encore comme une exception au droit d'appel l'abandon fait à un peuple étranger du citoyen qui l'a offensé ou qui a traité avec lui sans l'autorisation de la République (*deditio*). Sommes-nous bien ici dans le domaine de la juridiction criminelle? Nous ne voyons pas un juge condamner un accusé, mais la cité répudier, par ses représentants, en livrant l'auteur de l'offense ou du traité (Liv. ix, 8, et suiv. Postumius), un engagement, qu'elle accepterait implicitement si elle ne le livrait pas (Liv. v, 36, les Fabius). N'est-ce pas une matière de la compétence du Sénat et pour laquelle le peuple, quand il est consulté, intervient non pas en vertu de ses pouvoirs de juge suprême, mais en raison de son droit de décider de la paix et de la guerre?

2. Liv. x, 9. — Cic., in Verr., iii, 93.

3. Hist. rom., t. ii, p. 10.

4. Hist. rom., t. ii, p. 316. V. égal. Zumpt, das Crim. das Römisch. Rep. i, p. 166.

Laboulaye[1] argumentant d'un texte de Cicéron,[2] pense que l'*improbe factum* équivalait à la *consecratio capitis*[3].

La loi devait compter plus spécialement sur l'intercession du collègue pour empêcher une exécution illégale.

Jusqu'à la mort de Tarquin, survenue sous le consulat d'Appius Claudius et de Publius Servilius (259, U. C., 459 av, J.-C.), les patriciens ménagèrent la plèbe dans la crainte d'une restauration de la royauté; mais, une fois délivrés de l'ennemi, leur despotisme ne connut plus de bornes. Les mauvais traitements infligés par les créanciers aux débiteurs insolvables provoquèrent une sédition que vint enrayer à propos une attaque de peuples voisins. La guerre terminée, la plèbe, devant le refus du Sénat de lui accorder satisfaction, se retira sur le Mont Sacré, menaçant de fonder en cet endroit une nouvelle ville. Les patriciens durent transiger et payèrent leur résistance par la création d'une fonction plébéienne, qui, prenant la direction de la plèbe, allait devenir le fléau de la suprématie patricienne.

Ces tribuns, au nombre de deux ou de cinq, n'étaient pas des magistrats dans le vrai sens du mot. Défenseurs de la plèbe contre les patriciens, ils pouvaient,

1. Lois crim. des Rom., p, 88.

2. Cic., in Verr., iii, 93 : « Etenim hoc dico et magnâ voce dico, ubicumque hoc factum est, improbe factum est ; quicumque hoc fecit supplicio dignus est. »

3. V. égal. Denys d'Hal., v, 70 — Cependant il est probable qu'après la création du tribunat, la violation de la loi Valeria pouvait entraîner une poursuite criminelle.

par leur intercession, paralyser tout acte des consuls,
agissant comme magistrats civils dans Rome et ses environs. Ce droit d'intercession, fortifié par l'inviolabilité et l'irresponsabilité, permit aux tribuns non seulement d'arrêter l'exécution au mépris de la *provocatio*
d'une sentence capitale rendue par les consuls, mais
encore d'assurer l'impunité à un accusé en s'opposant
à la réunion des comices (Liv. III, 24)[1].

Dépourvus de l'*imperium*, les tribuns ne pouvaient
convoquer le peuple par centuries : ils n'avaient que le
droit d'assembler la plèbe pour la consulter. Ces conciliabules (*concilia plebis*) d'où les patriciens étaient
exclus, ne présentaient, à l'origine, aucun caractère
officiel et ses décisions n'obligeaient pas la communauté.

Les patriciens, voyant avec déplaisir et appréhension
l'importance croissante et les empiètements du tribunat, cherchaient le moyen de supprimer cette institution. Deux ans après sa création, dans un moment de
disette survenue à la suite d'une guerre contre les Vols-
ques, un sénateur illustre, Marcius Coriolan, proposa
de subordonner la vente du blé à la condition que la
plèbe renoncerait à ses tribuns. Cité, en raison de ce
fait, par les tribuns, devant le *concilium plebis*, Coriolan fut condamné et dut s'exiler pour se soutraire à la
mort. Cette usurpation de pouvoirs fut, en quelque
sorte, sanctionnée par le Sénat qui, trop faible pour la
résistance, reconnut implicitement, par son attitude, la

---

1. Procès du faux témoin Volscius : « In mora tribuni erant, qui
comitia quæstores habere de reo nisi prius habita de lege essent,
passuros negabant. »

légalité du jugement de Coriolan : « Universi deindé processere (quicquid erat patrum reos diceres) precibus plebem exposcentes : Unum sibi civem, unum senatorem, si innocentem absolvere nollent, pro nocente donarent » (Liv. II, 35).

A partir de ce moment, le *concilium plebis* devient une véritable juridiction criminelle, mue par les tribuns, et ainsi se crée, à côté de la juridiction ordinaire et légale des comices, une juridiction politique et illégale qui, sous prétexte de violation de la charte de la plèbe, critique les actes des consuls et prononce contre eux, à leur sortie de charge, l'amende ou même la mort. Les honneurs consulaires sont, à cette époque, suivant l'expression, que Tite-Live met dans la bouche de deux consuls accusés, comme les ornements dont on couvre les victimes avant de les conduire au sacrifice. « Suadent, monent, « honoribus et administratione republicæ abstineant, consulares vero fasces, prætextam curulemque sellam, nisi aliud quem pompam funeris, putent. Claris insignibus velut infulis velatos ad mortem destinari. Quod si consulatus tanta dulcedo sit, jam nunc ita in animum inducant, consulatum captum et oppressum ab tribunitia potestate esse : consuli, velut apparitori tribunitio, omnia ad nutum imperiumque tribuni agenda esse..... » (Liv. II, 54).

Les patriciens résistent cependant et parfois, poussés à bout, recourent aux derniers moyens : la guerre, qui sert de motif à la nomination d'un dictateur et l'assassinat. C'est ainsi que le tribun Génucius, accusateur des deux consuls Furius et Manlius, est trouvé mort dans son lit, le matin du jugement (Liv. II, 54).

Dans les moments de crise, les consuls essaient, pour

intimider la plèbe, de ne point tenir compte de la *provocatio* interjetée par le condamné ; mais, pendant les périodes de calme, ils se montrent plus dociles et il est probable que, de bonne heure, leurs sentences capitales étant toujours frappées d'appel, la *provocatio* étant même, le plus souvent, formulée avant le jugement [1], à la faveur de l'intercession tribunitienne, ils prirent l'habitude de déférer directement aux comices les causes criminelles, heureux de pouvoir, tout en flattant le peuple, se dégager d'une responsabilité dangereuse.

L'égalité entre les deux ordres par la suppression des privilèges, tel était le but que poursuivaient les tribuns. Le Droit romain primitif reposait sur la coutume (*mos majorum*) connue seulement des patriciens et dont l'interprétation était réservée aux pontifes et aux consuls. Aussi, voyons-nous, en l'an 290 de Rome (464 av. J.-C.), quarante ans après l'institution du tribunat, le tribun C. Terentilius Arsa proposer de mettre les principes du droit à la portée de tous les citoyens, par la rédaction d'une sorte de code.

L'opposition patricienne à cette innovation dura dix ans et valut deux concessions importantes à la plèbe.

En l'année 297 (457 av. J.-C.) les patriciens consentirent à porter à dix le nombre des tribuns, espérant peut-être affaiblir, en la divisant, la puissance tribunitienne.

D'autre part, la *lex Aternia Tarpeia* [2] (due à l'initiative consulaire) accorda aux tribuns et aux édiles plébéiens, le *Jus mulctæ dictionis* ou droit d'infliger

1. Faustin-Hélie, op. cit., p. 29. — Laboulaye, op. cit., p. 88.
2. Cic., de Rep. ii, 35. — Denis d'Hal., x, 50.

des amendes, jusque-là réservé aux consuls (300 U. C.
— 454 av. J.-C.). Cette même loi, si ce n'est la loi
Menenia Sextia, d'ailleurs très peu connue (302 U.
C. — 452 av. J.-C.), fixa un maximum (2 moutons,
30 bœufs), au-dessus duquel la *provocatio ad populum*
pouvait être interjetée. D'où une double conséquence :
d'abord l'extension de la compétence de l'assemblée du
peuple, limitée, jusqu'à cette époque, aux causes
capitales ; en second lieu, l'attribution d'une compétence légale, en matière d'amendes prononcées par
les tribuns, aux *concilia plebis,* qui n'avaient exercé
jusque-là qu'une juridiction usurpée.

Peu de temps après, les patriciens durent céder. Ils
acceptèrent la rédaction d'un code dans la pensée que
cette constatation écrite des droits du citoyen permettrait de supprimer le tribunat, garantie dès lors superflue. Trois députés patriciens furent, dit-on, envoyés
en Grèce pour consulter la législation de ce pays
(300 U. C. — 454 av. J.-Ch.), et à leur retour, une
commission de dix membres, également patriciens, fut
chargée de la préparation des lois nouvelles. Pour les
affranchir de toute contrainte et assurer la paix inté-
rieure, nécessaire à la confection d'une œuvre aussi
importante, on remit la direction de la République,
avec les pouvoirs les plus étendus, à ces commissaires
ou *decemviri.* Il n'y eut, cette année, ni consuls, ni
tribuns, et la *provocatio* fut suspendue [1]. Les décemvirs, intéressés à démontrer l'inutilité du tribunat,
usèrent de la plus grande modération dans leur gouvernement, s'efforçant de tenir la balance égale entre

1. Liv. III, 32.

les deux ordres et déférant aux citoyens les causes
criminelles, même les moins compliquées (Affaire de
Sestius, Liv. III, 33)[1]. A l'expiration de leur mandat, ils
présentèrent à l'approbation du peuple un ensemble
de lois, dont une s'occupait de la *provocatio ad
populum*.

SECTION III.

LA LOI DES DOUZE TABLES.

« Ab omni judicio pœnaque provocari liceri indi-
cant duodecim tabulæ, » dit Cicéron (de Rep. II, 31),
En donnant au mot *Judicium* le sens d'instance, nous
sommes amenés à conclure que la loi des Douze Tables
consacrait le double mode d'exercice de l'appel usité
à cette époque : l'appel normal après condamnation et
l'appel préalable à l'instance de premier ressort. D'autre part, des termes généraux : « ab omni... pœna », il
semble résulter que la législation des Douze Tables au-
torisait la *provocatio,* même dans le cas d'amendes
inférieures au maximum de la loi *Aternia Tarpeia,*

1. Liv. III, 33 : « Quum sine provocatione creati essent, defosso
cadavre, domi apud P. Sestium, patriciæ gentis virum, invento,
prolatoque in concionem, in re juxta manifesta atque atroci, C. Julius decemvir diem Sestio dixit, et accusator ad populum exstitit,
cujus rei judex legitimus erat ; decessitque jure suo, ut demptum
de vi magistratus populi libertati adjiceret. » Égal. Cic. de Rep.
II, 36 : « Quum ipse potestatem summam haberet, quod decemvir
sine provocatione esset, vades tamen poposcit »

sans distinction entre les décisions judiciaires et les condamnations prononcées en vertu du droit de coercition [1]. Mais on décide d'ordinaire que la *provocatio* ne s'appliquait pas au-dessous de la *suprema mulcta*. D'après Voigt [2], le mot *pœna* se réfèrerait exclusivement aux châtiments corporels, la loi des Douze Tables, simple remaniement — dans ses dispositions relatives à l'appel au peuple — de la loi *Valeria* n'ayant rien modifié en matière d'amende. Nous adopterons cette opinion, car les décemvirs, soucieux de la suprématie patricienne, n'avaient aucun motif d'étendre les limites de la *provocatio*.

Les auteurs diffèrent d'avis sur la nature du changement opéré par la loi des Douze Tables au point de vue de la juridiction d'appel (T. ix, § 2). Certains soutiennent que cette loi fit des centuries le seul juge compétent pour les causes capitales. Willems [3], par exemple, se prononce dans ce sens. D'autres, comme Mommsen, Laboulaye, Bouché-Leclercq, Voigt [4] pensent qu'elle restitua uniquement aux comices centuria-

---

1. Peut-être ne faut-il entendre le mot *pœna* que dans le sens de peine proprement dite, infligée en justice (châtiment corporel ou amende), abstraction faite de la coercition.

2. Die xii Tafeln, I, p. 659.

3. Willems, Dr. publ. rom., p. 179 ; V. égal. Maynz, Esquisse hist. du Dr. crim. de l'anc. Rome, p. 29, note 8.

4. Mommsen, Hist. rom., t. ii, p. 52. — Mommsen et Marquardt, Man. des antiq. rom. ; le Dr. publ. rom., t. vi, I, p. 405 et suiv. — Laboulaye, Essai sur les lois crim. des Rom., p. 90. — Bouché-Leclercq, Man. des Inst. rom., pp. 121 et 61. — Voigt, Die xii, Taf. I, p. 660, citant en sens contraire Eichler, Becker, Lange.

tes la connaissance exclusive de l'appel en matière capitale, partagée depuis le procès de Coriolan avec les
concilia plebis. Cicéron donne, de la disposition des
Douze Tables relative à la *provocatio* la formule suivante : « De capite civis nisi per maximum comitiatum
ne ferunto » (De Leg. III, 4, § 18). Cette formule
rend-elle incontestable la transformation légale de la
juridiction d'appel des comices par centuries en une
juridiction de premier et de dernier ressort?

Nullement. Pour nous, elle se borne à édicter la nécessité de porter l'appel, en matière capitale, devant
l'assemblée centuriate.

D'abord, les mots *ferre* et *rogare*[1] (également employé par Cicéron) (De leg. III, 4, § 19) (soumettre la
loi au *jussus* du peuple) n'ont pas une signification
plus large.

Nous citerons, en outre, à l'appui de notre opinion,
un passage de Tite-Live, relatif au procès du décemvir
Appius Claudius (Liv. III, 56, 57). Sommé de prendre
juge, malgré l'appel interjeté, sous peine d'être conduit
en prison, Appius s'écrie : « Quem enim provocaturum,
si hoc indemnato indicta causa non liceat? » Et le tribun
répond : « Proinde, ut ille iterum ac sæpius provocet,
sic se iterum ac sæpius judicem illi ferre, ni vindicias
ab libertate in servitutem dederit : si ad judicem non

---

1. « Leges præclarissimæ de XII tabulis translatæ sunt duæ :
quarum altera privilegia tollit, altera de capite civis *rogari*, nisi
maximo comitatu, vetat. » (Cic., III, 4, 19, de Legibus.) — « Legem
illam preclaram....., quæ de capite civis romani, nisi comitiis centuriatis *statui* (décréter, légiférer) vetaret. » (Cic., de Rep.,
II, 36.

eat, pro damnato in vincula duci jubere. » Le texte
ajoute : « In carcerem est conjectus : tribunus ei diem
prodixit. » La double instance était donc encore possible après la loi des Douze Tables, puisque, d'une part,
Appius argumente de ce qu'il n'est pas condamné par
un premier juge pour réclamer plus énergiquement la
liberté provisoire, conséquence de l'appel au peuple et
que, de l'autre, le tribun déclare voir dans son refus de
choisir un juge l'équivalent d'une condamnation.

D'ailleurs, cette solution n'est-elle pas conforme au
but poursuivi par les patriciens dans la rédaction de
notre disposition? L'arme redoutable des tribuns, les
concilia plebis, était leur seul objectif et ils n'avaient
aucun intérêt à supprimer, en matière capitale, la
juridiction de première instance, déjà tombée en
désuétude. Dès lors, comment motiver une abolition
expresse, tout à fait contraire aux mœurs essentiellement conservatrices des anciens Romains :

« On sait, dit Laboulaye [1], que chez les Romains il
ne faut pas s'attendre à trouver l'abrogation directe
d'une institution et son remplacement immédiat par
une institution nouvelle ; ce n'est pas ainsi que pro-
cédait ce peuple, sévère observateur de la coutume et
des précédents, et qui, semblable en ce point au
peuple anglais, respectait toujours les anciens usages,
sans cependant s'y asservir. L'institution nouvelle
commençait à l'ombre de l'ancienne, puis elle se
greffait, en quelque sorte, sur celle qu'elle devait
supplanter ; l'exception devenait la règle et la règle

---

1. Essai sur les lois crim. des Rom., p. 111.

devenait l'exception, jusqu'à ce qu'elle disparût enfin complètement effacée sous la rouille du temps... »

Les *concilia plebis*, contre lesquels étaient dirigés tous les efforts des patriciens, auraient probablement disparu avec les tribuns, si la tyrannie d'Appius Claudius et de ses collègues, les nouveaux décemvirs, nommés pour la préparation de deux tables complémentaires, n'avait rendu son ancienne importance au tribunat, rétabli à la suite d'une seconde retraite du peuple sur le Mont Sacré.

Les décisions des conciliabules de la plèbe, légalement sans effets auparavant à l'égard du patriciat, lièrent désormais, sous la réserve de la *patrum auctoritas,* tous les citoyens, en vertu d'une loi [1] proposée par les consuls Valerius et Horatius, élus après l'abdication des décemvirs (305 U. C. — 449 av. J.-C.).

La même loi, pour simplifier le mécanisme de l'assemblée du peuple et diminuer, sans doute, l'importance des *concilia plebis*, établit, sur la base du système de vote, par tribus ou circonscriptions, adopté dans ces conciliabules, une nouvelle forme de comices qui se substitua, sauf pour certaines affaires exceptionnelles, aux comices centuriates, comme ceux-ci s'étaient substitués, lors de l'avènement de la République, aux comices par curies. Cette forme d'assemblée du peuple, distincte en droit des *concilia plebis*, puisqu'elle comprenait tous les citoyens et se tenait sous la présidence des consuls, se confondit, en fait, avec eux, car les patriciens prirent l'habitude de fréquenter les réunions

1. Liv. III, 55.

plébéiennes, auxquelles ils n'avaient pu participer jusqu'à cette époque.

L'assemblée des centuries conserva la connaissance exclusive des causes capitales, mais les *concilia plebis* ne perdirent point leur dangereuse juridiction politique. Les tribuns, au lieu de requérir la peine de mort, firent prononcer désormais des amendes considérables, obligeant ainsi les accusés à s'exiler volontairement pour éviter les effets d'une condamnation. D'un autre côté, le rôle prépondérant, conquis par les comices *tributes* dans le fonctionnement de l'Etat romain, leur valut l'attribution de la majeure partie des affaires criminelles, ce qui restreignit considérablement l'usage de la peine capitale en matière de Droit commun.

La juridiction du peuple avait été garantie, à la suite du rétablissement du tribunat par une loi des consuls Valerius et Horatius[1], aux termes de laquelle il était défendu de créer à l'avenir aucune magistrature *sine provocatione*, sous peine de *consecratio capitis*. Peu après, un plébiscite voté sur la proposition du tribun

---

1. Liv. III, 55, Cic., de Rep., II, 31. — Trois lois concernant la *provocatio* ont été rendues sur la proposition de consuls appartenant à la famille Valeria : 1° la loi Valeria de Valerius Publicola (245 U. C. — 509 av. J.-C.), qui rendit l'appel au peuple obligatoire pour les consuls ; 2° la loi Valeria Horatia (305 U. C. — 449 av. J.-C.), dont il est question ci-dessus ; 3° la loi Valeria de Mucius Valerius Corvus (454 U. C. — 300 av. J.-C.), loi peu connue, qui, d'après l'opinion générale, aurait puni de mort toute violation de l'appel au peuple (liv. X, 9. — V. not. au sujet de cette dernière loi Zumpt, das Crimin. der Römisch. Rep. I, 2, 42-48, Laboulaye, Lois crim. des Rom. p. 93).

Duilius [1], décida que la violation de la loi Valéria
Horatia serait punie de mort.

Mommsen [2] considère cette loi comme applicable à
la dictature. Nous croyons, avec la plupart des auteurs,
que cette prohibition concernait uniquement la création
de magistratures nouvelles et extraordinaires. L'affaire
de Spurius Melius, accusé en 311 (443 av. J.-Ch.)
d'aspirer à la royauté et poursuivi de ce chef par un
dictateur nommé, en fait, spécialement, vient confir-
mer notre opinion. (Liv. IV, 13 et suiv.)[5].

D'après Mommsen[4], les magistrats devaient s'en-
gager par serment, lors de leur entrée en charge, à
ne point porter obstacle à la *provocatio,* mais, pas plus
que la loi *Valeria,* les dispositions de la loi des Douze
Tables, relatives à l'appel au peuple, ne contenaient de

---

1. V. Liv. pas. cité note précéd.

2. Hist. rom., t. II, p. 55. Même sens, Madvig, l'Etat rom., t. II,
pp. 79 et 210. Contra Lange, Römische Alterthümer, I, 547, 548.
Willems, Dr. publ. rom., p. 180, n° 1.

3. On peut citer également à l'appui de notre opinion, un passage
de Tite-Live, relatif à l'affaire du maître de la cavalerie, Fabius
(432, U. C., 322 av. J.-C.) : « Stupentes tribunos et suam jam vicem
magis anxios quam ejus, cui auxilium ab se petebatur, liberavit
onere consensus populi romani, ad preces et obtestationem versus,
ut sibi pœnam magistri equitum dictator remitteret..... Tum dictator, silentio facto : « Bene habet, inquit, Quirites. Vicit disciplina
militaris, vicit imperii majestas, quæ in discrimine fuerunt, anulla
post hanc diem essent. Non noxæ eximitur Q. Fabius, qui contra
edictum imperatoris pugnavit ; sed noxæ damnatus, donatur populo
romano, donatur tribuniciæ potestati, *precarium non justum
auxilium ferenti.* (Liv. VIII, 35, v. suprà p. 5, n. 2.)

4. Hist. rom., II, 55.

sanction. En dehors de l'intercession du collègue ou des tribuns, la *provocatio ad populum* était suffisamment sauvegardée par le caractère de crime de lèse-majesté qui se serait attaché à toute violation[1].

La loi des Douze Tables n'étendit ni au point de vue des personnes qui pouvaient invoquer la *provocatio*, ni au point de vue des autorités soumises à son action, les limites fixées par la loi *Valeria*.

D'une part, les femmes demeurèrent donc privées du bénéfice de l'appel au peuple. Cette exclusion dérivait de leur incapacité politique, car la juridiction des assemblées populaires était une juridiction de pairs. D'ailleurs, le privilège de la *provocatio* n'aurait eu pour elles, à cette époque, qu'une médiocre utilité. Etant donnés le respect des anciens Romains à l'égard de la puissance paternelle ou maritale et la condition de la femme dans la famille romaine, les magistrats devaient éviter de connaître des infractions commises par les femmes et laisser le champ libre à la justice du *paterfamilias*, soucieux de son honneur et de l'honneur des siens. Toutes les femmes, il est vrai, ne dépendaient pas d'un père ou d'un mari. Les femmes *sui juris* relevaient nécessairement des magistrats, en matière criminelle, sans pouvoir se soustraire à leurs décisions, au moyen de la *provocatio*, comme les

1. Les tribuns auraient certainement poursuivi, à cette époque, toute violation du droit d'appel comme constituant un attentat aux garanties de la plèbe, car la *provocatio* était une des bases du compromis intervenu entre patriciens et plébéiens, à la suite de la seconde retraite sur le Mont Sacré. (Chute des Décemvirs, 305, U. C., 449 av. J.-C., liv. III, 55.)

citoyens. Cependant les condamnations prononcées par le peuple contre Claudia, sœur du consul Claudius Pulcher, le vaincu de Drepanum, frappée d'une amende de vingt-cinq mille as pour un vœu injurieux adressé à la foule dans un moment de mauvaise humeur (508 de R. — 246 av. J.-C.)[1] et contre plusieurs dames romaines, coupables d'adultère (542 U. C. — 212 av. J.-C.)[2], prouvent qu'au moins au sixième siècle de Rome les femmes étaient devenues justiciables des comices.

D'autre part, la puissance paternelle et l'*imperium* militaire (ce qui démontre l'inefficacité de la loi *Valeria Horatia* vis-à-vis de la dictature) conservèrent leur caractère sans appel.

Tant que les consuls furent les seuls magistrats supérieurs de la République, les citoyens, placés dans les colonies ou postes avancés, purent, en temps de paix, user de la *provocatio,* car toutes les affaires criminelles se jugeaient à Rome; mais, par suite de l'extension de la domination romaine, les colons citoyens perdirent, en fait, le droit d'en appeler au peuple, la *provocatio* ne pouvant être opposée en dehors d'un rayon d'un mille autour de Rome.

Des termes par lesquels Cicéron qualifie le supplice du citoyen Gavius, mis en croix à Messine, malgré ses protestations, sur l'ordre de Verrès, il résulte que cette anomalie avait disparu au dernier siècle de la République : « Facinus est vinciri civem romanum, scelus verberari, prope *parricidium necari* : quid dicam in crucem tollere (Cic. Ver. de suppl., 66). Elle fut, sans

1. Liv. epit. 19. — Val. Max., liv. VIII, c. I, 4.
2. Liv. XXV, 2.

doute, réformée, comme le fait présumer une médaille de la *gens Porcia Lœcarum,* dont Laboulaye [1] nous donne la description d'après Eckhel, par la seconde des trois lois Porciæ de tergo civium, rendue vers 559 de R. [2] (195 av. J.-C.), probablement sur la proposition du tribun Porcius Læca [3].

La troisième loi Porcia de 570 (184 av. J.-C.) enleva également aux consuls le droit de condamner, sans appel, à mort et aux verges, les soldats citoyens, qui, du reste, avaient peu à peu diminué le pouvoir absolu de leurs généraux, en obtenant une sorte de charte [4].

Enfin, ce fut seulement sous les empereurs [5], et alors que la juridiction de l'assemblée du peuple avait cédé la place à un autre système, que le père de famille perdit le droit de juger et condamner ses

1. Laboulaye, Essai sur les lois crim. des Rom., p. 94.

2. On n'est pas d'accord sur les dates des trois lois Porciæ. D'après certains auteurs, elles auraient été votées de 588 U. C. (166 av. J.-C.), à 620 (134 av. J.-C.).

3. Willems, Dr. publ. rom. p. 180. Mommsen et Marquardt, Man. des antiq. rom. Dr. publ. rom., t. VI, I, p. 403. V. égal. Liv. X, 9, Cic. de Rep. II, 31, et au sujet de ces deux textes, Laboulaye, op. cit., p. 93 et suiv.

4. Liv. VII, 41 : « Lex quoque sacrata militaris lata est, ne cujus militis scripti nomen, nisi ipso volente, deleretur ; additumque legi, ne quis, ubi tribunus militum fuisset, postea ordinum ductor esset. » Bouché-Lecl. Man. inst. rcm. p. 60.

5. Fr. 5. D. de Lege Pompeia de parricidiis, liv. XLVIII, t. IX. — Fr. 2. D. ad Leg. corneliam de sicariis et veneficiis, liv. XLVIII, t. VIII. L. 3, C. de Patria potestate. Liv. VIII, t. XLVII. L. unique, C. de His, qui parentes vel liberos occiderunt, liv. IX, t. XVII.

enfants [1], droit formellement consacré par la loi des Douze Tables.

La juridiction du peuple était en pleine décadence lorsqu'intervinrent les lois Porciæ. Les Douze Tables marquent l'apogée de l'institution. Aussi, croyons-nous logique d'étudier, dès maintenant, la procédure en usage devant les assemblées populaires, formées en cour criminelle.

---

1. Vers le milieu du septième siècle de R., Q. Fabius Maximus Servilianus, qui avait tué son fils, probablement, comme le pensent certains auteurs, sans avoir consulté le tribunal de famille, fut poursuivi pour meurtre devant les comices centuriates, par le tribun Cn. Pompée.

CHAPITRE II

De la procédure devant la juridiction criminelle du peuple.

Il nous paraît indispensable, avant d'entreprendre l'étude de la procédure devant la juridiction criminelle du peuple, de donner, dans une première section, un rapide aperçu de la constitution et du fonctionnement de cette juridiction, en d'autres termes de l'assemblée populaire elle-même. Cet aperçu nous permettra, d'ailleurs, d'alléger les sections suivantes d'un certain nombre de détails sur la tenue des comices, nécessaires pour la complète intelligence de ce chapitre.

Puis nous nous occuperons successivement :

De la citation devant les comices (section II) ;
Du jugement (section III) ;
De l'exécution des jugements (section IV) ;
De la révocation des jugements (section V).

SECTION PREMIÈRE

CONVOCATION ET TENUE DES COMICES

Nous avons vu que le peuple pouvait être appelé à se prononcer sur une affaire criminelle *lato sensu* dans ses comices centuries, dans ses comices tributes ou dans le *concilium plebis*.

Comices centuries. — Les comices centuries étaient la réunion de l'armée en assemblée délibérante[1]. Aussi, tout présente-t-il dans cette assemblée un caractère essentiellement militaire : la terminologie[2]; le nom de *quirites* guerriers (hommes à la lance), donné aux Romains, le mode de convocation par la trompette, le *vexillum russeum,* étendard de guerre hissé sur le Capitole *(in arce)*[3], la garde montée pendant le vote sur le Janicule par une partie du peuple en armes. Comme la coutume, soucieuse de garantir la liberté du peuple romain, défendait à l'armée l'accès de Rome, la réunion des comices centuries ne pouvait s'opérer que hors des murs[4].

---

1. C'était aussi aux guerriers, réunis en armes, qu'il appartenait, chez les Germains, de décider des affaires importantes en matière législative comme en matière judiciaire. « De minoribus rebus principes consultant, de majoribus omnes. » (Tac. Germania xi). « Nihil autem neque publicæ neque privatæ rei nisi armati agunt. » (Tac. op. cit. xiii).

2. Educere exercitum (convoquer les centuries, liv. xxxix, 15), remittere exercitum (lever la séance), imperare (diriger le débat).

3. V. Mommsen et Marquardt, Man. antiq. rom. Dr. publ. rom., vi, I, p. 445.

4 Le lieu ordinaire de l'assemblée était le champ de Mars, champs des Tarquins, situés entre la ville et le Tibre, consacrés au dieu Mars après l'expulsion des rois (liv. ii, 5), d'où l'expression de « Campus », souvent employée pour désigner les comices centuries (liv. ix, 46, égal. Cicéron, Horace, Perse). Cependant la réunion au champ de Mars n'était pas indispensable : l'assemblée pouvait se tenir dans tout lieu inauguré. C'est ce qui explique l'im-

L'assemblée par centuries n'était possible que certains jours marqués de la lettre C sur le calendrier, jours comitiales, qu'il ne faut pas confondre avec les jours fastes ou ordinaires [1].

La réunion des comices centuriates devait être précédé d'un édit de convocation. D'après certains auteurs, le délai minimum entre cet édit et la séance, réduit plus tard à un *trinundinum*, deux nundines révolues ou dix-sept jours aurait été, à l'origine, de trente jours, par extension, suivant Bouché-Leclercq [2], du délai usité en matière de déclaration de guerre entre la *clarigatio* des féciaux et *l'indictio belli*.

La convocation et la présidence des comices par centuries dépendaient des auspices majeurs nécessaires pour le commandement de l'armée et la tenue d'une assemblée hors du *pomœrium*. Les magistrats com-

pression produite sur les tribuns par la menace du consul Quinctius de convoquer les comices au lac Regille (liv. III, 20). D'autre part, lors du procès de Manlius, le sauveur du Capitole, les consuls, pour obtenir une condamnation douteuse au champ de Mars, réunirent les centuries dans le bois sacré de Pétélie, hors de la porte Nomentane, d'où le Capitole n'était pas visible.

1. Le tableau des fastes, d'abord secret, fut affiché au Forum à partir de la publication du calendrier et du formulaire des actions civiles (Jus flavianum, 450, U. C., 304 av. J.-C. Liv. IX, 46).

2. Man. des Inst. rom., pp. 111, n. 1 et 451, n. 2.

La compétence des comices centuriates ayant commencé par les déclarations de guerre, d'où l'appareil déployé pour la réunion de ces comices, notamment la précaution du « vexillum » et du guet du Janicule, il est probable que le délai de trente jours fut généralisé comme les formes de la convocation et de la réunion lors de l'attribution aux assemblées centuriates, d'une compétence électorale, législative et judiciaire.

pétents étaient donc, à l'origine, les consuls et le dictateur, magistrats *cum imperio*, auxquels il faut ajouter
le préteur à partir de l'an 388 de Rome (416 av. J.-C.).
Les fonctionnaires de la plèbe et les magistrats investis
de la simple *potestas* ne pouvaient convoquer de leur
propre autorité les comices centuriates, mais ils exer-
çaient ce droit par délégation. Les consuls se firent
fréquemment suppléer, en matière judiciaire, devant
les comices centuriates par les questeurs et parfois
aussi par les tribuns.

En vertu d'une règle, souvent méconnue, les centuries
ne devaient décider qu'une seule affaire dans chaque
séance, l'affaire indiquée par l'édit de convocation.

Le vote avait lieu successivement dans l'ordre hiérarchique des classes. On appelait d'abord les centuries
de chevaliers [1]. Chaque centurie comptait pour une
voix. Le scrutin cessait dès que la majorité était
atteinte (97 voix sur 193). La répartition des centuries
entre les diverses classes était basée sur la fortune, non
sur le nombre, la prépondérance appartenait, par conséquent, dans cette assemblée, aux riches, l'ordre des
chevaliers et la première classe comptant ensemble plus
de la moitié des centuries (98 : 18 + 80); aussi, comme
le remarque Tite-Live (I, 43), la seconde classe était-
elle très rarement appelée à se prononcer.

---

1. Dans chaque classe, le sort, considéré comme la volonté des
dieux, désignait la centurie qui devait voter la première. Les
citoyens de chaque centurie, enfermés dans des espaces clos ou
« sæpta » et défilant un à un sur des « pontes » étroits, donnaient,
à la sortie de ces pontes, leurs votes à des « rogatores centuriarum »,
probablement au début les centurions.

Cette prépondérance des riches ne pouvait échapper au nivellement qui combla peu à peu avec les débris de la suprématie patricienne, l'inégalité entre les deux ordres. Une réforme, diversement expliquée par les auteurs, eut lieu sans doute en 513 (241 av. J.-C.), époque à laquelle le nombre des tribus fut porté à trente-cinq. Les opinions sont partagées sur la nature et, par suite, les conséquences de cette réforme, Pour nous, qui adoptons avec Mommsen[1] la vieille opinion du P. Bacato (Pantagathus : répartition égale des centuries entre les tributs, mais maintien des classes), cette réforme eut pour résultat de diminuer, sans toutefois la détruire, la prépondérance des riches dans les comices centuriates.

Comices tributes. — L'égalité entre patriciens et plébéiens existait déjà, comme nous l'avons dit, dans les comices tributes. Ces comices se réunissaient ordinairement dans l'intérieur de la ville, au Forum ; rien n'empêchait cependant qu'ils se tinssent hors de Rome, pourvu que le lieu fût inauguré (Liv. VII, 16, *in fine*)[2].

---

1. Hist. rom. t. IV, p. 96. V. égal. Willems, Dr. publ. rom., p. 167. Bouché-Leclercq, Man. des Inst. rom., p. 113. — Des deux systèmes extrêmes, l'un, le système de Niebuhr, supprime les classes et divise chaque tribu en deux centuries (seniores-juniores), l'autre le système de Guiraud, réduit simplement de quatre-vingts à soixante-dix les centuries de la première classe, et distribue les centuries ainsi retranchées dans les classes suivantes.

2. De bonne heure, l'usage dut s'introduire, vu l'exiguité du Forum, de convoquer les tribus au champ de Mars pour les affaires importantes, et vers la fin de la République, elles furent rarement réunies ailleurs. (V. p. ex. Liv. XXVII, 21. Demande de destitution contre Marcellus.)

Il suffisait de la simple *potestas*, qui comprenait le *jus cum populo agere*, pour convoquer et présider les tribus au moins dans l'intérieur de la ville; mais, de toutes les magistratures mineures, les édiles curules seuls possédaient, sous ce rapport, l'*auctoritas* à un degré assez étendu; encore leur compétence se réduisait-elle de ce côté à la poursuite de certaines infractions. C'étaient, par conséquent, les magistrats *cum imperio*, consuls et préteurs, qui convoquaient et présidaient, soit directement soit par leurs délégués, les comices tributes.

Les tribus votaient simultanément. Le vote de chaque tribu était formé à la majorité des voix. Le sort fixait la tribu dans laquelle devaient voter les nouveaux citoyens et l'ordre de proclamation des suffrages. La majorité obtenue, le dépouillement du scrutin cessait.

L'assemblée tribute reposait, en principe, sur l'égalité des citoyens; mais, comme le vote était formé par les suffrages des tribus, chaque tribu disposant d'une voix; quel que fût le nombre de ses membres, l'orientation politique de cette seconde assemblée du peuple, d'ailleurs soumise à l'influence des magistrats, dépendait en grande partie des censeurs qui s'inspirèrent souvent, dans la composition des tribus, des intérêts de la haute classe.

Les comices par centuries et par les comices tribus ne pouvaient se réunir sans que le magistrat président eût au préalable pris les auspices, c'est-à-dire consulté les dieux (*spectio*). La séance, qui commençait d'ordinaire au lever du soleil, était ouverte par un sacrifice et certaines prières (*Solenne carmen*, L. XXXIX, 15). Le *veto* opposé par un magistrat supérieur et sanc-

tionné par le droit de mise en arrestation du récalci-
trant ou droit de coercition, empêchait la tenue de
l'assemblée[1]. En outre, la survenance de certains acci-
dents rendait obligatoire la dissolution de l'assemblée :
une attaque d'épilepsie, par exemple (*morbus comitialis*)
ou de mauvais signes, soit apparents, comme un orage[2]
soit découverts et annoncés par un magistrat même
inférieur, au moins dans les premiers siècles, au magistrat président (obnonciation). Enfin la séance devait
être levée sur l'injonction d'un magistrat supérieur,
d'un collègue, ou d'un tribun (intercession), pourvu
que cette intervention eût lieu avant le vote, car seuls
les actes des magistrats, et non ceux du peuple, pouvaient être frappés d'intercession.

Concilia plebis. — Les mêmes obstacles n'existaient
pas pour les *concilia plebis*. Ces réunions, véritables
assemblées du peuple depuis la loi *Horatia de ple-
biscitis* (305 U. C. — 449 av. J.-C.), puisqu'à partir
de cette époque les patriciens y assistèrent, se tenaient,
sans auspices, dans n'importe quel lieu, convoquées et
présidées par les tribuns de la plèbe. Certains jours
leur étaient plus spécialement consacrés : les *nundinæ*,
jours de marché. Les jours *comitiales* durent même
leur être interdits à l'origine[5].

---

1. Ce moyen était principalement employé dans le cas de convocation de deux assemblées comitiales pour le même jour.

2. Liv. xxx, 39; xl, 42; xl, 59. — Val. Mar., l. viii, c. i, 4.
Procès de Claudius Pulcher, « ita cui maritima tempestas causæ
dictionem contraxerat, cœlestis salutem attulit ».

3. La loi Hortensia (462 U. C. — 292 av. J.-C.) décida qu'elles ne

Ces quelques particularités suffisent à individualiser les comices tributes et les *concilia plebis*, confondus d'habitude sous la même dénomination, à cause de leur base identique : le vote par tribus, mais qui n'en ont pas moins constitué jusqu'à la fin de la République deux formes bien distinctes de l'assemblée du peuple (V. not. Liv. XXXIX, 15).

Les tribuns trouvaient dans les *concilia plebis* le moyen de faire donner à leurs motions force de loi, sans le concours d'une autorité intermédiaire. Ces réunions de la plèbe présentent, par conséquent, à toute époque, une certaine activité ; elles ont surtout pris une très grande importance, au point de vue législatif, comme au point de vue judiciaire, dans les moments de conflit entre le peuple et les nobles, notamment au cours de la lutte des ordres.

SECTION II

DE L'INTRODUCTION D'INSTANCE

Nous diviserons cette section en deux parties :

I. — De la citation devant les comices.

II. — Des conséquences de la citation devant les comices.

pourraient être tenues que les jours comitiales, mais cette prescription, vivement combattue par les tribuns, fut rapportée par la loi Clodia (696 U. C. — 58 av. J.-C.).

I. — DE LA CITATION DEVANT LES COMICES

La procédure devant la juridiction populaire commence par la *diei dictio* [1], citation orale et publique, d'où il résulte que le citoyen absent de Rome, même intentionnellement, ne pouvait être déféré au peuple.

Deux questions :

1° Qui peut citer?
2° Quels actes délictueux peuvent motiver la citation?

1° Qui peut citer?

On est loin, aux premiers siècles de Rome, de l'application exclusive de la procédure accusatoire, qui caractérise le régime des *questiones perpetuæ*.

La procédure accusatoire existe cependant.

Si cette procédure peut être l'indice d'une nation très policée, poussant jusqu'à l'exagération le respect de la liberté individuelle, comme de nos jours l'Angleterre, elle marque plus spécialement dans l'évolution des peuples, la première phase de l'intervention de la société pour la répression du crime. Cette intervention est tout d'abord exclusivement motivée par le souci de

1. Cic. de domo, 17; Liv. xxv, 4. — V. égal. Willems, le Dr. pub. rom., p. 183; Walter, Hist. du Dr. crim. des rom., 848, p. 87.

mettre un terme aux troubles continuels qui résultent pour la communauté de l'exercice du droit de vengeance privée. L'idée plus compliquée de dette sociale n'apparaît que plus tard. Le préjudice particulier est seul en vue à l'origine, ce qui explique le système des compositions pécuniaires, et la peine corporelle elle-même se présente comme un dédommagement dans des circonstances où la dette ne semble ni appréciable, ni payable en valeur d'échange.

De ce caractère de la répression primitive il résulte que le droit de poursuite doit être tout d'abord circonscrit à la victime et à ses ayants-cause, seuls intéressés, et on peut conjecturer qu'il en fut ainsi à Rome dans les temps les plus reculés[1].

Si la poursuite d'un crime contre un particulier peut être exclusivement réservée à la victime et à ses ayants-cause, la poursuite d'un crime contre l'Etat doit appartenir à tous les citoyens et spécialement à celui qui représente la communauté de ces citoyens. La poursuite d'office pour les attentats contre la communauté

---

1. Cette corrélation, entre la poursuite civile et la poursuite criminelle, paraît devoir entraîner une grande analogie entre les deux procédures. A Rome, où, dans les premiers siècles, le même juge, roi ou consul, est compétent sur les deux matières, la poursuite par voie accusatoire a dû revêtir à peu près les mêmes formes que la poursuite civile. N'en trouvons-nous pas certains indices dans deux passages de Tite-Live? Qu'est-ce, en effet, que ce juge proposé à leurs risques par plusieurs citoyens à Volscius, dont le faux témoignage avait fait condamner Céson (Liv. iii, 24) et, quelque temps plus tard, par le tribun Virginius au décemvir Appius Claudius (III, 56, 57)? Quelle autre conclusion tirer de ces expressions : « Judicem ferre, dicere » empruntées à la procédure civile.

remonte donc à l'origine même de cette communauté. Mais à mesure que les relations entre citoyens deviennent plus étroites, la nécessité de la tranquillité publique se fait sentir davantage et les crimes graves contre les particuliers finissent par être assimilés aux crimes contre l'Etat. C'est ainsi que tous les citoyens reçoivent le droit de poursuivre certains crimes commis contre un particulier et que la poursuite d'office s'établit pour ces crimes à côté de la poursuite privée.

Cette assimilation a eu lieu de bonne heure à Rome. Les rois et leurs successeurs, les consuls, s'adjoignirent pour la poursuite d'office des délégués spéciaux, les *quæstores parricidii,* dont le Digeste attribue la création à Tullus Hostilius[1] et que Mommsen[2] considère comme des fonctionnaires permanents dès l'époque des rois. Il se peut qu'au début ces questeurs aient été de simples enquêteurs, chargés de réunir les preuves pour une affaire spéciale, mais au moins à partir des lois *Valeriæ,* de 245 de R. (509 av. J.-C.), par conséquent, dès la première année de la République[3], ils devinrent permanents[4] avec la mission de rechercher les crimes, de préparer l'accusation et par délégation de la soutenir dans l'assemblée du peuple. En 307 U.C. (447 av. J.-C.), leur fonction fut transformée en une

1. Princip. in fine, D. de offic. quæst. L. I. T. XIII.

2. Hist. rom., I, p. 205.

3. D'après Zumpt, les particuliers ne pouvaient porter plainte qu'aux magistrats supérieurs (consuls ou préteurs).

4. Willems, le Dr. pub. rom., p. 282 ; Bouché-Leclerq, Man. des inst. rom., p. 75. — V. également opinion de Madvig, l'Etat rom , p. 165 et de Maynz, Esq. hist. Dr. crim. anc. Rome, p. 24,

magistrature à l'élection des comices par tribus et ils par-
tagèrent, depuis cette époque, leurs attributions judiciaires avec les tribuns et les édiles de la plèbe d'une
part et les édiles curules de l'autre [1].

Le développement de la poursuite d'office se fit au
détriment de la procédure accusatoire, qui ne disparut
point cependant de la loi romaine. Ces deux modes de
poursuite demeurèrent concurremment applicables
devant la juridiction, bientôt pratiquement exceptionnelle, des magistrats. Examinons si on pouvait aussi les
employer indifféremment devant la juridiction du
peuple.

Dans les premiers temps, il ne peut être question de
procédure accusatoire en matière de juridiction populaire. La *provocatio* atteint spécialement la sentence
rendue, qui est soumise à l'appréciation des citoyens.
Ceux-ci la déclarent bien ou mal fondée, en condamnant
ou acquittant l'accusé, sans avoir le droit, comme nos
juridictions d'appel, de modifier la peine prononcée par
le premier juge. Le magistrat ou son délégué défend sa
sentence « *si vincent* » (*duumviri,* dit la loi rapportée
dans Tite-Live à propos du procès d'Horace), et par le
fait remplit les fonctions d'accusateur. Il en résulte que,
même dans le cas d'une condamnation prononcée à la
suite d'une accusation portée et soutenue par un particulier devant un magistrat, c'est exclusivement au
magistrat qu'incombe l'accusation devant les comices.

Mais peu à peu, la juridiction populaire se transforme et devient en fait, généralement, une juridiction

---

1. V. not. pour questeur. Liv. ii, 41, iii, 24.

de première instance. Dès lors, il y a lieu de se
demander si le dénonciateur ne peut point, avec le
consentement du magistrat compétent, se porter accusateur devant le peuple ; car bien que le magistrat
compétent eût seul le droit de parler dans l'assemblée,
convoquée sous ses auspices, il était de règle, pour les
comices judiciaires, de former au préalable le peuple en
simples *conciones*, réunions préparatoires, dans lesquelles le président avait la faculté de donner la parole à
tout citoyen.

Si, en fait, les causes criminelles étaient déférées
directement à la juridiction populaire, cette juridiction
n'en était pas moins censée, par une de ces fictions
transitoires si fréquentes dans le Droit romain, statuer
sur appel. La peine requise par le magistrat était considérée comme prononcée par lui en première instance[1].
Nous en trouvons la preuve dans le sens d' « accuser »,
que prit, avec le temps, le mot *judicare*. « Tunc
« Sempronius perduellionis se judicare Cn. Fulvio »
dixit, diemque comitiis ab C. Calpurnio prætore urbis
petit. » (Liv. XXVI, 3.) La procédure accusatoire
ne fut point, par conséquent, plus praticable devant le
peuple jugeant directement qu'elle ne l'était, quand il
jugeait sur la sentence réelle d'un premier juge.

---

1. Momms. et Marq., Man. des ant. rom., le Dr. pub. rom., T. v
1, p. 405 et suiv., T. I, p. 182 ; Voigt Die, XII, Taf. I, p. 660.

2° Quels actes délictueux peuvent motiver
la citation ?

Rome conserva jusqu'à l'organisation des tribunaux
permanents, une législation pénale tout à fait rudi-
mentaire.

Il ne paraît avoir existé à l'origine qu'un seul genre
de *delicta publica*, le crime contre la sûreté de l'Etat
ou *perduellio*, du chef duquel étaient poursuivis par
assimilation, en raison du trouble causé dans les relations sociales, les crimes graves contre les personnes[1].
Puis un dédoublement eut lieu séparant le crime d'Etat
du meurtre de son semblable, *parricidium*[2]. Tous
les actes criminels furent d'abord ramenés à ces deux
types et cette distinction exerça longtemps une certaine influence sur le Droit criminel romain sous le
rapport des garanties accordées aux accusés.

Le premier siècle de la République vit naître, avec la
puissance tribunitienne, une nouvelle catégorie de
crimes, le crime non plus comme la *perduellio*, contre
l'ensemble, mais seulement contre une fraction de
l'Etat : la plèbe.

1. Horace, meurtrier de sa sœur, fut accusé du chef de perduellio (Liv. I, 26).

2. Du Boys, Hist. du Dr. crim. des peuples anc., p. 258 ; Mommsen, Hist. rom., T. I, p. 204 ; Maynz, Esq. hist. Dr. crim. de l'anc.
Rome, p. 58 et p. 5, note 17.

Quant aux actes répréhensibles moins graves, que nous appellerions délits, les uns passibles d'une simple réparation civile, échappaient à la juridiction criminelle, dont les autres formaient une branche annexe, sanctionnée sommairement par la coercition.

La loi des Douze Tables s'efforça de compléter l'œuvre commencée sous les rois et de dégager le Droit pénal de la confusion primitive, en spécifiant les divers crimes dans des dispositions précises. Mais le Droit pénal demeura circonscrit à la protection des personnes. Dans l'énumération de la table *de delictis*, nous ne relevons, à côté des crimes contre la vie des citoyens (l'homicide, l'empoisonnement, l'incendie volontaire) ou intéressant la religion (l'incantation, le faux témoignage) qu'un seul attentat contre la propriété, le vol de céréales, dont on comprend la gravité exceptionnelle chez un peuple vivant exclusivement de l'agriculture.

Cette législation pénale, entreprise par les Douze Tables, ne fut point continuée. Les siècles suivants nous offrent à peine quelques exemples de lois criminelles. Encore ces lois sont-elles, comme la loi relative à la création des magistratures sans appel (Liv. III, 55), ou la loi sur la réunion des comices (Liv. VII, 16), des lois principalement comminatoires, destinées à prévenir le retour de certains événements dangereux pour la République.

Il n'était nullement besoin, en effet, d'une législation pénale. Avec un législateur pour juge, peu importait que l'acte soumis aux comices fût ou non prévu par

4

des lois antérieures [1]. L'arrêt populaire était, en somme,
une loi qu'il n'appartenait à aucune autorité de criti-
quer. La poursuite dépendait donc de l'appréciation du
magistrat, sans qu'il fût possible de contester le bien
fondé de la citation.

L'intercession servait seule de contrepoids à cet arbitraire. Ainsi la coutume développa le droit pénal, plus
tard précisé et, en quelque sorte, codifié lors de l'institution des tribunaux permanents. Cette latitude pouvait faciliter l'action de la justice, parfois paralysée
sous l'empire d'une législation qui détermine les
crimes ; mais elle présentait l'inconvénient capital de
permettre aux magistrats et surtout aux tribuns de
détourner la justice de son véritable but au profit des
passions politiques, d'autant plus aisément qu'ils
n'avaient point à redouter les peines édictées dans la
suite contre les accusateurs de mauvaise foi.

1. Du Boys, Hist. Dr. crim. des peuples anc., pp. 361 et 364 ;
Maynz, Esq. hist. du dr. crim. de l'anc. Rome, p. 59 ; Faustin-Hélie,
Dr. pén. dans la lég. rom. Rev. crit. de lég. 1882, p. 31 ; A Duméril, Aperç. sur révol. du Dr. crim. à Rome, sous la Rép. Rev. gén.
Dr., 1883, p. 315 et 328 ; Laboulaye, Lois crim. des Rom., p. 105 ;
V. égal. Val. Max., l. viii, c. x, 1, 4, 5, 6, 7, 8 ; T.-Liv., Ep. 19, —
v. 29 : Citation devant les tribuns et condamnation à dix mille livres
pesant de cuivre des deux tribus A. Virginius et Q. Pomponius,
pour avoir servi les intérêts du Sénat, en opposant leur veto à certaines rogations de leurs collègues.

II. — DES CONSÉQUENCES DE LA CITATION DEVANT LES COMICES

1° Au point de vue de la liberté de l'accusé ;
2° Au point de vue des droits de l'accusé ;
3° Au point de vue de la préparation du procès.

1° Conséquences de la citation au point de vue de la liberté de l'accusé.

L'accusé était-il mis en état de détention préventive ou laissé en liberté jusqu'au jour du jugement?

Nous ne trouvons aucune loi sur la liberté provisoire. Les Douze Tables n'en font point mention. Tite-Live nous dit à propos du décemvir Appius Claudius que la *provocatio* suffisait pour garantir à l'appelant la liberté provisoire : « Tum Virginius... « Omnium igitur tibi, Ap. Claudi, quæ impie nefarieque per biennium alia super alia es ausus, gratiam facio, unius tantum criminis ni Judicem dices, te ab libertate in servitutem contra leges vindicias non dedisse, in vincula te duci jubeo. » Nec in tribunitio auxilio Appius, nec in judicio populi ullam spem habebat, attamen et tribunos appellavit; et, nullo morante, arreptus a viatore, « *Provoco* » inquit. *Audita vox una vindex libertatis*, ex eo missa ore, quo vindiciæ nuper ab libertate dictæ erant, silentium fecit. Et, dum pro se

quisque, « Deos tandem esse, et non negligere humana
« fremunt et superbiæ crudelitatique, etsi seras, non
« leves tamen venire pænas : provocare, qui provoca-
« tionem sustulisset et implorare præsidium populi, qui
« omnia jura populi obtrisset; rapique in vincula egen-
« tem jure libertatis qui liberum corpus in servitutem
« addixisset. » ..... « ..... *Quod si (inquit Appius) in-*
« *dicta causa, in vincula ducatur*, iterum se tribu-
« nos plebei appellare et monere, ne imitentur, quos
« oderint. Quod si tribuni eodem fædere obligatos se
« fateantur tollendæ appellationis causa, in quam
« conspirasse decemviros criminati sint, *at se provo-*
« *care ad populum* : implorare leges de provocatione
« et consulares, et tribunitias eo ipso anno latas.
« *Quem enim provocaturum si hoc indemnato indicta*
« *causa non liceat...* » (Liv. III, 56). D'après ces deux
passages, la liberté provisoire aurait été établie de droit
par les lois relatives à l'appel au peuple ou du moins
considérée comme un droit résultant de ces lois par
voie de conséquence.

Il n'est pas douteux qu'il en fut ainsi, dès le début
de la République, en matière politique, car nous voyons
Coriolan, particulièrement odieux au peuple, s'abstenir
de comparaître au jour fixé (Liv. II, 35), et les anciens
consuls L. Furius et C. Manlius poursuivre librement
la campagne d'excitations, qui supprima leur procès
par le meurtre de l'accusateur (Liv. II, 54) [1].

Mais la *provocatio* pouvant être invoquée en toute

---

1. On pourrait argumenter aussi, nous semble-t-il, du passage
de Cicéron cité suprà, p. 23, n. 2.

cause capitale, la liberté provisoire devait donc appartenir à tout accusé aussi bien en matière de droit commun qu'en matière politique. Certains faits semblent
venir à l'appui de cette assertion. Si le faux témoin
Volscius fut laissé en liberté et put se retirer en exil
après la condamnation[1], alors que le dictateur Quinctius, père de Céson, pourtant très intéressé au châtiment du calomniateur, n'avait nullement à craindre
l'intercession tribunitienne, n'est-ce pas plutôt par
respect de la loi ou de la coutume que par une générosité peu naturelle? Et, dans le procès même de Céson,
le débat soulevé au sujet de l'arrestation préventive
ordonnée par le tribun Virginius[2], à la suite de l'accu-

---

1. Liv. III, 29.

2. Liv. III, 13 : « Premebat reum, præter vulgatam invidiam, crimen unum, quod M. Volscius Fictor, qui ante aliquot annos tribunus plebis fuerat, testis extiterat, « ce haud multo post, quam
pestilentia in urbe fuerat, in juventutem grassantem in Subura,
incidisse. Ibi rixam natam esse, fratremque suum majorem natu,
necdum ex morbo satis validum, pugno ictum ab Kœsone cecidisse
semianimem. Inter manus domum ablatum, mortuumque inde arbi-
trari, nec sibi rem exsequi tam atrocem per consules superiorum
annorum licuisse. » Hæc Volscio clamitante, adeo concitati homines
sunt, ut haud multum abfuerit, quin impetu populi Kœso interiret.
Virginius arripi jubet hominem, et in vincula duci : patricii contra
vi resistunt. T. Quinctius clamitat : « *Cui rei capitalis dies dicta
sit, et de quo futurum propedium judicium, eum indemnatum
indicta causa non debere violari.* » Tribunus « Supplicium negat
sumpturum se de indemnato ; servaturum tamen in vinculis esse
ad judicii diem : ut, qui hominem necaverit de eo supplicii su-
mendi copia populo romano fiat. » Appellati tribuni medio decreto
jus auxilii sui expediunt, in vincula conjici vetant : sisti reum,
pecuniamque, nisi sistatur, populo promitti, placere pronuntiant... »

sation d'homicide portée par Volscius, ne donne-t-il pas à supposer que la liberté provisoire était un droit pour tout accusé?

Cette solution est d'ailleurs conforme au but de la *provocatio,* dont la liberté provisoire pouvait seule assurer la complète réalisation. C'était pour mettre la personne et la situation du citoyen à l'abri de toute injuste atteinte que la communauté avait exceptionnellement retenu le droit de statuer souverainement sur les causes concernant le *caput* de ses membres. Or, reconnaître au magistrat le pouvoir d'envoyer un citoyen en prison avant le jugement eût abouti à restreindre, par une contradiction manifeste, la principale garantie de l'accusé, sa défense, et à faire dépendre, dans une mesure assez large, le *caput* d'un citoyen de l'arbitraire du magistrat[1].

Par conséquent, nous sommes amenés à conclure que la liberté provisoire devint de droit[2] en même temps que la *provocatio,* comme l'indique cette phrase de

---

1. Cependant certains auteurs, au nombre desquels Zumpt (Das crim. der Römisch. Rep. T. I, 2, p. 155), soutiennent que la détention provisoire était la règle générale dans les premiers temps de la République. — Ascon. in Cic. p. *Scaur*, p. 23. Plin. *n. h.*, 21, 8.

2. La liberté provisoire de droit sans caution existait chez les Germains. « Neque vincire, neque verberare quidem nisi sacerdotibus permissum, non quasi in pœnam, nec ducis jussu, sed velut deo imperante » (Tacite, Germ., VII). Elle fut maintenue chez les Francs, mais subordonnée à la caution.

La liberté provisoire de droit doit, nécessairement, se retrouver à côté et comme corollaire de la procédure accusatoire à l'origine des peuples, alors que la poursuite du crime appartient exclusivement à la victime et à ses ayants-cause.

Cicéron : « Quum ipse potestatem summam haberet quod decemvir *sine provocatione* esset, vades *tamen* poposcit » (de Rep. II, 36).

La liberté provisoire a pu exister, en effet, à l'époque royale, vu l'influence de la procédure civile sur l'organisation de la procédure criminelle, mais seulement à titre de faveur, non à titre de droit, la nature de la juridiction des rois en matière pénale excluant ce caractère obligatoire.

Dérivée de la *provocatio*, la liberté provisoire de droit dut partager sa sphère d'application. Elle n'était donc point opposable aux magistrats *sine provocatione*. Le passage précité de Cicéron nous en donne la preuve.

La liberté provisoire fut cependant limitée de bonne heure par la faculté pour le magistrat d'exiger une caution [1].

D'après Mommsen [2], cette caution remonterait à l'époque royale. Sans doute, sous les rois, dans les poursuites criminelles intentées par des particuliers, l'accusé conservait sa liberté et devait, comme dans les procès civils, fournir des garants de sa nouvelle comparution (*vades, vadimonium*). Il se peut également que les rois aient usé de la mise en liberté sous caution, soit dans les poursuites d'office, soit dans le cas où ils autorisaient la *provocatio*.

Néanmoins, si la caution fut appliquée pendant la

---

1. A Athènes, les magistrats juraient, lors de leur entrée en charge, de ne jamais arrêter, sauf le cas de flagrant délit, un citoyen offrant trois cautions de même fortune que lui.

2. Hist. rom., I, p. 205.

période royale, elle disparut lors du changement de
caractère de la *provocatio*, car, suivant Tite-Live, elle
aurait été introduite dans le Droit criminel, au cours de
l'affaire Céson, pour concilier, par un moyen terme,
les réclamations de l'accusé et les prétentions de l'accusateur [1]. Le droit de coercition, en vertu duquel les
magistrats et les tribuns pouvaient mettre en prison
tout citoyen qui désobéissait à leurs ordres, nous semble avoir servi de base à cette transaction [2].

La caution était purement personnelle. On n'admit
jamais à Rome, en matière criminelle, la caution jura-
toire, ni la consignation d'une somme d'argent. Les
Romains ne voyaient pas dans la caution publique le
moyen d'intéresser l'accusé à demeurer sous la main de
la justice, mais la remise de sa surveillance à des
citoyens de bonne volonté. Les répondants contractaient

---

1. Liv. III, 13. « Appellati tribuni medio decreto jus auxilli sui
expediunt, in vincula conjici vetant : sisti reum, pecuniamque, nisi
sistatur, populo promitti, placere pronuntiant..... Hic primus vades
publicos dedit. »

2. Le droit de coercition ne peut être invoqué contre notre théorie
de la liberté provisoire, car la coercition implique la désobéissance
à un ordre du magistrat. Si Céson n'avait pas constitué les cautions
demandées, il aurait, par le fait, refusé de se conformer à l'injonction du collège des tribuns, qui se serait, dès lors, trouvé en droit
de l'envoyer en prison, pour le contraindre à obéir. Pour Mommsen
(Momms. et Marq., Man. des antiq. romaines, le Dr. pub. rom.,
T. I, p. 177), l'arrestation, en vertu du droit de coercition, est le
seul moyen d'arriver à la détention préventive. Voigt (die XII, Taf.
p. 659) pense que la loi de Douze Tables étendit la *provocatio* à
l'emprisonnement par voie de coercition. En sens contraire, Mommsen, op. cit., p. 178.

avec clause pénale l'obligation solidaire de présenter l'accusé au jour du jugement[1]. Cette surveillance nominale se transforma vers la fin de la République en une surveillance effective, la *custodia libera*[2], qui, d'abord exceptionnelle, conduisit graduellement, sous l'empire, par la désignation d'office des custodes et la garde militaire, au principe de la détention préventive[3].

Il appartenait au magistrat poursuivant de déterminer les conditions de constitution des *vades publici*, en s'inspirant sans doute de la règle écrite dans la loi des Douze Tables pour les procès civils. « Assiduo vindex assiduus esto, proletario quoi quis volet vindex esto » (Tabl. I, § 4)[4]. Dans l'affaire Céson, les tribuns demandèrent dix répondants et le montant de la clause pénale, trois mille as, fut si rigoureusement exigé, que le père de l'accusé vendit tous ses biens (Liv. III, 13).

Malgré cette garantie, les tribuns méconnurent à l'occasion le droit de liberté provisoire (Liv. XXV, 4). Cependant, si le tribunat, couvert par son inviolabilité et fort de l'appui de la plèbe ne se montrait pas toujours fidèle observateur des lois, dont il devait assurer la stricte exécution, il savait les défendre contre les abus de ses adversaires, comme le prouve, par exem-

---

1. Liv. III, 13. « Vades dare placuit, unum vadem tribus millibus æris obligarunt. » La contrainte par corps pouvait être la conséquence du non-paiement de la clause pénale (Du Boys, Hist. du Dr. crim. des peuples anc., p. 321).

2. Cic. in Cat., IV, 5 ; Sall. Cat., 47, Tac. Ann.; VI, 3.

3. Fr. 1 et 3, D. de cust. et exib. reor. liv. XLVIII. t. 3.

4. Du Boys, Hist. du Dr. crim. des peuples anc., p. 321.

ple, la citation devant le peuple du fameux consul
Opimius, accusé d'avoir emprisonné des citoyens sans
condamnation (Liv. epit. LXI).

On peut aisément se rendre compte de l'importance
attachée à la liberté provisoire, dans les derniers
temps de la République, par l'argument dont se sert
Cicéron pour légitimer la procédure exceptionnelle,
conseillée contre Lentulus et les autres complices de
Catilina : « Qui autem reipublicæ sit hostis, eum civem
esse nullo modo fieri posse » (Cic. Cat. IV, 5). Et, au
cours du débat sur la peine, s'adressant aux sénateurs,
qui, dans la crainte de se compromettre, hésitaient à
prononcer une sentence illégale, Cicéron fait ressortir
avec ironie qu'ils ont déjà violé la loi, en ordonnant la
détention provisoire des accusés : « Video de istis qui
se populares haberi volunt, abesse non neminem ne de
capite videlicet civium romanorum sententiam ferat.
Is et nudius tertius in custodiam cives romanos dedit. »
(Cic. Cat. IV, 5.)

Il exagérait, toutefois, pour le besoin de sa cause.
Les complices de Catilina avaient été surpris en
flagrant délit ou du moins avaient avoué leurs intrigues révolutionnaires et reconnu leurs sceaux sur les
lettres saisies entre les mains des députés allo-
broges et de Volturcius. Or, il résulte d'un passage de
Cicéron lui-même (Epist. Att. II, 24) que la règle du
Digeste (fr. 5, *D. de cust. et exhib. reor.* liv. 48, § 3)
« Si confessus fuerit reus, donec de eo pronuntiaretur,
in vincula publica conjiciendus est » était en vigueur
déjà de son temps. Cette restriction n'avait-elle point
affecté, dès l'origine, la liberté provisoire?

L'inutilité de toute garantie, après l'aveu, dispose

d'abord en faveur de l'affirmative. Mais certains texte s contredisent cette solution. En 259 de R. (495 av. J.-C.), le consul Appius Claudius, dans un moment d'effervescence populaire, ordonne à ses licteurs d'appréhender un des fauteurs du tumulte; celui-ci en appelle au peuple et le consul se voit obligé de le relâcher (Liv. II. 27). Plus tard, lors des troubles qui marquèrent le procès du publicain Postumius, aucun des meneurs n'est arrêté immédiatement (542 de R. — 212 av. J.-C.) (Liv. XXV, 3 et 4). Le délinquant manifeste n'avait-il pas, en effet, comme tout autre accusé, le droit d'invoquer la *provocatio*, source de la liberté provisoire? Et pour quel motif, la loi sur l'appel au peuple aurait-elle refusé la liberté provisoire au coupable de flagrant délit, après lui avoir accordé un recours, destiné à prévenir les poursuites injustes? La liberté provisoire pouvait d'ailleurs être utile au délinquant manifeste pour la recherche des témoignages susceptibles d'atténuer la gravité de sa faute.

La restriction du flagrant délit ne date certainement pas de la loi relative à la *provocatio;* elle est le produit d'une époque où, sous l'influence de l'extension considérable du monde romain et des luttes répétées des partis, les antiques principes de liberté commençaient à s'obscurcir. La caution dut être la seule restriction apportée, dans les premiers siècles de la République, au droit de liberté provisoire.

2° *Conséquences de la citation au point de vue des droits de l'accusé.*

Le Digeste contient un fragment de Papinien décla-
rant l'accusé de crime capital incapable d'être investi
de nouvelles dignités avant la fin du procès (§ 12, fr. 17;
D. Ad Municip. 50-1). Cette incapacité n'est point une
innovation de l'Empire; elle avait même une plus
grande portée sous la République, puisque, d'après Salluste, une accusation de concussion, accusation non capitale, empêcha Catilina de faire, en temps opportun,
la déclaration publique de sa première candidature au
consulat (Sall., *Cat.* XVIII). Elle dut être édictée de
bonne heure car l'exercice d'une magistrature paraly-
sait toute poursuite criminelle [1] (Liv. IX, 26; XXIV,
43; XLIII, 16; X, 46). La possibilité d'obtenir la réduction des délais de procédure offrait, d'ailleurs, le
moyen de s'affranchir promptement de cette entrave et
de rendre, par suite, inefficace l'accusation formulée
dans un but de manœuvre électorale.

3° *Conséquences de la citation au point de vue de la préparation du procès.*

La citation ne plaçait point l'accusé sous la dépendance de l'accusateur, en ce sens que celui-ci n'avait

---

1. Laboulaye, Lois crim. des Rom., p. 149.

pas le droit d'éclairer ses investigations par l'interro-
gatoire de l'accusé. Les deux parties procédaient sépa-
rément, comme en matière civile, réunissant leurs preuves, recherchant leurs témoins [1]. Elles n'entraient en
contact qu'au moment des débats et pouvaient ainsi lut-
ter à armes égales devant le peuple. Soulignons cette
liberté absolue de la défense, de nature à éveiller des
regrets dans l'esprit de ceux qui, émus de la situation
inférieure faite par notre législation criminelle à la plupart des accusés et des prévenus, réclament, au risque
d'exagérer le mal, la réorganisation de l'instruction
sur de plus larges bases. L'indépendance complète de
l'accusé était, avec le droit à la liberté provisoire, le corollaire de la *provocatio*.

Dès le jour de la citation, l'accusé laissait, en signe
de deuil, croître sa barbe et ses cheveux, et prenait les
vêtements déchirés du suppliant. Accompagné de ses
parents, de ses amis, de ses clients vêtus comme lui, il
se rendait fréquemment au Forum pour s'efforcer d'api-
toyer les citoyens. Combien le peuple devait être
orgueilleux de cet hommage, surtout quand les accu-
sations des tribuns contraignaient à le solliciter les
membres des familles les plus anciennes, les plus illustres et les plus altières de la République ! Avec quelle
satisfaction la plèbe dut sentir éclater sa puissance, en
voyant le Sénat vaincu venir en corps, « comme s'il y
avait autant d'accusés que de sénateurs », lui demander
la grâce du patricien Coriolan ! Aussi attachait-on à

1. Momms. et Marq., Man. ant. rom. Dr. pub rom. T. vi, 1,
p. 405.

Rome une grande importance à ces démarches, auxquelles il eût été dangereux de se soustraire. Les plus
grands personnages, T. Quinctius Capitolinus, six fois
consul, par exemple (Liv. IV, 41), n'hésitèrent pas à
s'y soumettre. Il est rare de rencontrer un Appius
Claudius refusant, au mépris de ses intérêts, de se
conformer à l'usage (Liv. II, 61).

Cet appareil, le nombre et surtout la qualité des
personnes qui composaient le cortège, avaient une
certaine influence sur le peuple. L'accusateur abandonnait quelquefois ses poursuites par considération
pour les manifestants. C'est ainsi que la détermination
des tribuns du peuple de prendre des vêtements de
deuil et de se joindre au cortège de l'ancien consul
Sempronius désarma l'accusateur, leur collègue,
L. Hortensius. « Non videbit, inquit, plebes romana
« sordidatos tribunos suos » (Liv. IV, 42) (332 de R.
— 442 av. J.-C.). Il faut aussi noter, d'autre part,
le sentiment de pitié excité dans le peuple par l'abandon
de Manlius, le sauveur du Capitole, que, ni un sénateur, ni ses alliés, ni ses parents, ni même ses frères [1],
abstention sans exemple jusqu'à ce jour, fait remarquer
Tite-Live, « quod ad eum diem nunquam usu venisset »
(Liv. VI, 20), n'accompagnèrent dans ses visites au
Forum.

Au cours de ces manifestations, l'accusé et ses partisans employaient tous les moyens pour se concilier

---

1. « Quod ubi est factum, primo commota plebs est, utique postquam sordidatum reum viderunt ; nec cum eo non modo Patrum
quemquam, sed ne cognatos quidem aut affines, postremo ne fra-
tres quidem A et T Manlios..... »

le peuple : tantôt réunis en corps, ils adressaient leurs supplications à la foule, tantôt disséminés sur la place et prodigues de flatteries, ils essayaient de convaincre chaque citoyen. On vantait les mérites de la famille, le passé de l'accusé. C'était, en somme, un plaidoyer avant la lettre. Avec le temps, les largesses paraissent même avoir joué leur rôle dans cette brigue de l'acquittement, comme dans les brigues électorales, si l'on en juge par les soupçons nés des distributions de vivres, que fit au peuple, à l'occasion des funérailles de sa mère, M. Flavius, absous peu auparavant d'une accusation de viol (426 de R. — 328 av. J.-C.) (Liv, VIII, 22).

Parfois aussi les procès politiques donnaient lieu à de sourdes menées contre les accusateurs, témoin le meurtre du tribun Gn. Génucius (Liv. II, 54).

De leur côté, les accusateurs [1] ne perdaient point leur temps. Ils répondaient aux arguments des adver-

---

1. Surtout quand ces accusateurs étaient des tribuns, cas le plus fréquent en matière politique. — Par ex. : Liv. III, 11. « Accusator (le tribun Virginius) pati reum ruere invidiæque flammam ac materiam criminibus suggerere ; legem interim, non tam ad spem perferendi, quam ad lacessendam Kæsonis temeritatem, ferre. Ibi multa, sæpe ab juventute inconsulte dicta factaque, in unius Kæsonis suspectum incidunt ingenium ; tamen legi resistebatur. Et A. Virginius identidem plebi. « Ecquid sentitis jam vos, Quirites, Kæsonem simul civem et legem, quam cupitis, habere non posse ? Quanquam quid ego legem loquor ? libertati obstat : omnes Tarquinios superbia exsuperat. Exspectate, dum consul aut dictator fiat, quem privatum viribus et audacia regnantem videtis. » Assentiebantur multi, pulsatos se querentes, et tribunum ad rem peragendam ultro incitabant. »

saires, s'efforçaient d'établir le bien fondé de la poursuite, usaient de tout leur crédit pour préparer une
condamnation.

C'est sur cette campagne d'intrigues que s'ouvraient
les débats. Quelle impartialité pouvait-on attendre de
juges, ainsi travaillés, ainsi prévenus ! La vie et le
statut des citoyens n'étaient-ils pas mieux garantis
entre les mains de magistrats responsables qu'entre les
mains de cette communauté impersonnelle, partagée
en deux camps, qui n'avait nul besoin d'être sollicitée
pour apporter ses rancunes et ses passions, même dans
l'examen des causes criminelles de droit commun.

SECTION III

DU JUGEMENT

Au jour fixé, le peuple étant réuni en *concio*, le
héraut appelle l'accusé [1]. Celui-ci se présente, se fait
excuser ou fait défaut : trois cas que nous allons successivement examiner.

§ 1er. — *L'accusé se présente.*

Le magistrat président ouvre alors les débats par
l'exposé de l'accusation, suivi de la réquisition de la

---

1. Liv. xxxviii, 51 « ..... et præconem, qui reum ex Rostris citabat... »

peine, qu'il a prononcée ou qu'il est censé avoir prononcée en première instance [1] (*Judicium* ou *irrogatio multæ,* selon la compétence de l'assemblée).

La pénalité se réduisait sous la République à la mort et à l'amende [2]. Nous trouvons bien dans la loi des Douze Tables un exemple de peine corporelle autre que la mort [3], inspirée, comme le mode d'exécution de l'incendiaire, par la loi du talion ; mais cette disposition pénale, purement exceptionnelle, puisqu'elle impliquait un refus de transaction, était plutôt une mesure rigoureuse destinée à assurer le paiement d'une composition pécuniaire, une application du principe, qui, dans le vieux Droit romain, identifiait la personne avec le patrimoine, de telle sorte que la personne garantissait le paiement des dettes. L'emprisonnement n'avait point le caractère d'une peine proprement dite, il servait simplement de moyen de contrainte aux magistrats.

Les comices centuriates pouvaient seuls prononcer la peine de mort. Elle s'exécutait de différentes manières, et était toujours précédée de la *fustigatio.*

1. Cependant d'après l'opinion généralement admise (not. Momms. et Marq. Man. Ant. rom ; Dr. pub. rom. vi, 1, p. 407 ; Bouch.-Leclercq, Man. des inst. rom., p. 451), le magistrat n'était censé prononcer sa sentence qu'après la troisième « concio ». Cela semble résulter d'un texte de Tite-Live (Liv. xxxvii, 58).

2. Momms. et Marq., Man, des Ant. rom. Dr. publ. rom. T. i, p. 184. — Les Germains n'appliquaient également que la mort et l'amende, partagée entre la victime et l'Etat.

3. Table viii. de delictis 2. « Si membrum rupit, ni cum eo pacit, talio esto. » Duméril, Aperc. sur révol. Dr. crim. à R. sous la Rép. (Revue gén, Dr. 1883, p. 408).

Plus tard, la décapitation fut seule appliquée aux citoyens romains, dont elle devint le privilège. La peine de mort entraînait, par suite de la *capitis deminutio maxima*, qu'elle produisait, la confiscation des biens.

L'amende tirait son origine du droit de coercition. Jusqu'à la loi Tarpeia, elle avait été prononcée arbitrairement par les magistrats, comme sanction de la désobéissance à leurs ordres sans jugement [1].

Les magistrats jouissaient, au point de vue de la réquisition de la peine d'une liberté aussi étendue qu'en matière de poursuites [2]. De très rares dispositions de lois, parmi lesquelles nous citerons la disposition de la loi des Douze Tables relative à l'injure (T. VIII, *de delictis*, 4), fixaient le taux de l'amende. Encore la toute-puissance du peuple-juge rend-elle bien contestable l'efficacité de pareilles limitations. Ce pouvoir des magistrats eut pour conséquence de restreindre considérablement l'emploi de la peine capitale par l'exagération de l'amende [3], qui aboutissait à l'exil volontaire de l'accusé menacé dans son rang, dans sa fortune, dans sa liberté et d'augmenter par suite le rôle judiciaire des

1. Momms. et Marq. Man. des Ant. Rom. Dr. pub. rom. T. ɪ, p. 175.

2. Du Boys, Hist. du Dr. crim. des peupl. anc., p. 315 ; Faustin Hélie, Le Dr. pén. dans la législ. rom. Rev. crit. lég. 1882, pp. 31 et 33 ; Duméril, Aperc. sur révol. du Dr. crim. à Rom. sous la Rép. Rev. gen. du Dr. 1883, p. 328 et 411.

3. Par exemple, condamnation du préteur C. Lucrétius à une amende d'un million d'as (Liv. ᴀʟɪɪɪ, 8) (584 de R. — 170 av. J.-C.). Du Boys, op. et loc. cit.

assemblées tributes au détriment des comices centuriates.

Après le réquisitoire, la défense était entendue [1].
L'accusé pouvait se défendre lui-même ou prendre pour
défenseur tout citoyen, fût-il revêtu d'une charge publique, fût-il militaire, comme le prouve l'autorisation
demandée par le frère de Cn. Fulvius et refusée
par le Sénat (Liv. XXVI, 3). Une double condition
était cependant exigée de ce citoyen : être exempt
d'infamie et ne recevoir aucune rémunération [2]. Cette
gratuité de la défense, confirmée par la loi *Cincia
de donis et muneribus* [3] (550 R. — 204 av. J.-C.), se
maintint au moins législativement jusqu'au premier
siècle de notre ère. Le patron avait l'obligation morale
de défendre son client accusé.

Le temps, pendant lequel le défenseur pouvait parler,
n'était point limité, comme il le fut plus tard en vertu de
la loi *Pompeia de ambitu* [4] (702 R. — 52 av. J.-C).

Il est probable que les répliques étaient admises de
part et d'autre.

Aux plaidoiries succédait la preuve [5]. Les dépositions
étaient, semble-t-il, reçues sous serment [6]. La loi des

---

1. Voir Du Boys, Hist. du Dr. crim., p. anc., p. 329, note 2 et
Marq. et Momms. Mon. des Ant. rom., Dr. publ. rom., T. vi, i,
p. 407.

2. Bouché-Leclerq, Man. des inst. rom., p. 440.

3. Tac. Ann. xi, 5, A-Gelle xii, 12.

4. Tac. Diat. 38.

5. Liv. xxv, 3 ; Laboulaye, Lois Dial crim. des Rom., p. 152.

6. Liv. xxvi, 3. Laboulaye, op. cit., p. 153. D'après Zumpt, le
serment n'était pas nécessaire. Le texte cite par Tite-Live se réfèrerait à un cas exceptionnel.

Douze Tables (Tab. VIII, *de delictis* 23) punissait de mort le faux témoignage. Tout citoyen pouvait être appelé comme témoin [1], à moins qu'il ne fût infâme. Le client ne pouvait témoigner contre son patron, ni le patron contre son client, sauf le cas de *perduellio* [2]. Sous la même exception, l'esclave n'était autorisé à déposer qu'extraordinairement et en faveur de son maître [3]. La torture lui était applicable pour vérifier la sincérité de sa déposition. Dans les procès politiques, l'accusé attestait par de nombreux témoins son héroïsme ou sa magnanimité et présentait à l'assemblée les récompenses qu'il avait méritées. Au rapport de Tite-Live, Manlius, après avoir fait comparaître près de quatre cents citoyens, dont il avait payé les dettes et d'autres encore qu'il avait sauvés de la captivité, produisit les dépouilles de trente ennemis et quarante récompenses décernées par ses généraux (Liv. VI, 20).

Cet ordre illogique, qui plaçait la preuve après les plaidoiries, fut réformé vers la fin de la République [4].

Avant de lever la séance, le président indiquait un nouveau jour de réunion. Afin que le peuple pût pro-

---

1. V. Du Boys, Hist. Dr. crim. peupl. anc., p. 330.

2. Laboulaye, Op. cit., p. 154 ; Bouché-Leclercq, Man. des inst. rom., p. 353, n. 2.

3. Cic. pro Mil. 22 ; Laboulaye, op. cit.; p. 154. — V. également au sujet des esclaves, du Boys, op, cit., p. 332.

4. Picquet-Damesme, Introd. à Hist. du Dr. crim. rom. de Walter, p. xxiii ; Cic. pro Cluent. 6, pro Cæl. 8, 18. — V. égal. A. Duméril, Aperc. sur révol. du Dr. crim. à R. sous Rép. (Rev. gén. 1883, p. 419) ; Mommsen et Marq. Man. des Ant. rom. Dr. publ. rom. vi, i, p. 407 ; Laboulaye, op. et loc. cit.

noncer en parfaite connaissance de cause et surtout pour permettre à chacune des parties de discuter les preuves de l'adversaire, les débats étaient ainsi recommencés dans une seconde et une troisième *concio* (*secunda et tertia accusatio*) [1], au cours desquelles de nouveaux arguments, de nouveaux témoins étaient souvent fournis (Liv. XXVI, 3). Plus tard, la publication de l'accusation, faite par le magistrat à trois jours de marché (*nundinæ*), remplaça ces assemblées préparatoires devenues peu pratiques [2].

Dans l'intervalle de ces *conciones*, l'accusation pouvait être abandonnée spontanément [3] par le magistrat ou frappée d'intercession [4].

Pendant ce temps les intrigues continuaient. La pression s'exerçait jusque dans les *conciones* où l'accusé prenait soin de se présenter entouré de son cortège d'amis [5]. On vit même, au début de la deuxième *concio*

---

1. Mommsen et Marq., op. cit., p. 407 ; Walter, Hist. Dr. crim. rom., n. 848, p 88. — L'ensemble de ces « contiones » portait le nom « d'anquisitio » (V. not. Momms. et Marq., op. cit., p. 405. — Zumpt Das Crimm. des romisch Répub., I, 2, p. 261).

2. Walter, op. et loc. cit. D'après Du Boys (Hist. D. crim. peup. anc., p. 471), la réforme n'était pas encore complètement accompli à l'époque du procès de Galba. (610 U. C. — 144, av. J.-C.). On trouve, d'autre part, les trois *conciones* préparatoires dans le procès intenté par Clodius à Milon (Cic. pro sest. 44, pr. Mil., 15, Ad Q. fratr. II, 3 et 7.

3. Liv. IV, 42, VII, 5, XXXVII, 58, XLIII, 16.

4. Liv. III, 25. Laboulaye, Lois crim. des Rom., p. 142 ; Bouché-Lect. Man. inst. rom., p. 44.

5. Chez les Germains, comme à Rome, l'accusé comparaissait devant l'assemblée du peuple, entouré de toute sa famille.

de son procès, Scipion l'Africain, sous prétexte de cé-
lébrer l'anniversaire d'une victoire, entraîner à sa suite
le peuple au Capitole et du Capitole à travers la ville,
laissant les tribuns, ses accusateurs, seuls à la tribune,
avec le héraut et leurs esclaves pour tout auditoire
(Liv. XXXVIII, 51)[1]. Les deux tribuns ne se décou-
ragèrent pas et ils auraient peut-être obtenu la condamnation de Scipion, si le procès avait pu s'achever, tel-
lement était grande la mobilité du peuple romain.
Quand l'accusé augurait mal de l'issue du procès, il se
retirait en exil, sans attendre le jugement.

A la fin de la troisième *concio,* le magistrat président fixait le jour du jugement, en observant les délais

1. « Citatus reus magno agmine amicorum clientiumque per me-
diam concionem ad Rostra subiit ; silentioque facto. « Hoc, inquit,
« die, tribuni plebis, vosque Quirites, cum Annibale et Carthaginiensi-
« bus signis collatis in Africa bene ac feliciter pugnavi. Itaque, quum
« hodie litibus et jurgiis supersederi æquum sit, ego hinc extemplo
« in Capitolium ad Jovem Optimum Maximum Junonemque et Miner-
« vam ceterosque deos, qui Capitolio atque arci præsident salutandos
« ibo ; hisque gratias agam, quod mihi et hoc ipso die, et sæpe alias,
« egregie republicæ gerendæ mentem facultatemque dederunt. Ves-
« trum quoque quibus commodum est, ite mecum, Quirites, et orate
« deos, ut mei similes principes habeatis. Ita, si ab annis septem-
« decim ad senectutem semper vos ætatem meam honoribus vestris
« anteistis, ego vestros honores rebus gerendis præcessi. » Ab Rostris in Capitolium ascendit. Simul se universa concio avertit, et secuta
Scipionem est ; adeo ut postremo scribæ viatoresque tribunos relin-
querent, ne cum iis, præter servilem comitatum et præconem, qui
reum ex Rostris citabat, quisquam esset. Scipio non in Capitolio
modo, sed per totam urbem omnia templa deum cum populo romano
circumiit. » V. égal. Du Boys, Hist. du Dr. crim. des peup. anc.,
p. 473 (procès Galba).

dont nous avons déjà parlé et qui pouvaient être abrégés sur la demande ou avec le consentement de l'accusé (Liv. XLIII, 16). Ce jour-là, dans une nouvelle et dernière *concio* [1] « quarta accusatio », la seule à partir de la réforme, avaient lieu les plaidoiries les plus importantes.

Dans les grands procès politiques, l'accusé prononçait ordinairement son propre panégyrique, impressionnant par la mise en relief de ses exploits et des services rendus à la patrie, le peuple, qui ne résistait pas toujours à de pareils arguments [2]. On comprend, en effet, que, malgré leur haine, les patriciens eux-mêmes aient hésité, en voyant Manlius, menacé de la roche Tarpéienne — après avoir, le regard tourné vers le Capitole, invoqué du Champ-de-Mars et du milieu des citoyens réunis comme pour le combat, ces dieux, protecteurs de la ville, qu'il avait sauvés de l'anéantissement — écarter sa toge et découvrir aux yeux de ses compagnons d'armes, sa poitrine marquée de nobles cicatrices (Liv. VI, 20, épit. XX).

Cette *concio* terminée, les comices étaient ouverts et

1. Du Boys, Hist. du dr. crim. des peupl. anc., p. 473 (Procès de Galba).

Willems, Dr. publ. rom. p. 183, Bouché-Lecl., Manuel des inst. rom. p. 451. — D'après Walter, cependant, 848, p. 88, il n'y aurait eu que trois *conciones* avant le jugement.

2. Le peuple se laissait aussi parfois attendrir par le spectacle de la famille de l'accusé en deuil et suppliante. Procès de Galba, Val. M. l. VIII, c. 1, 2 ; Du Boys, op. cit. p. 482, « nisi pueris et lacrymis usus esset, pænas (Galbam) eum daturum fuisse. » (Cic. de oratore, l. 1, c. 53. — V. égal. Val. Max. l. VIII, c. I, 9, procès d'Atilius Calatinus.

le peuple appelé au vote[1]. Le vote portait indivisible-
ment sur le fait et sur la peine réclamée par le magistrat[2], que seul ce magistrat avait le droit de modifier
au cours des débats (Liv. II, 52)[3]. Par conséquent, si
le peuple ne voulait pas appliquer la peine requise, il
devait absoudre, alternative essentiellement vicieuse,
qui pouvait provoquer l'acquittement d'un accusé manifestement coupable ou sa condamnation à une peine
excessive. Ce même inconvénient se retrouvait dans
notre procédure criminelle, sous l'empire du Code pénal
de 1810. Le système des circonstances atténuantes est
venu le mitiger par l'attribution au jury, juge du fait,
d'une participation indirecte à l'application de la peine.

Dans le Droit criminel romain, le caractère de la
juridiction populaire explique logiquement cette double
signification donnée au suffrage du citoyen. Les assemblées du peuple n'étaient pas censées juger, mais apprécier une sentence déjà rendue (*judicium, irrogatio
multæ*); elles donnaient ou refusaient leur sanction.

Jusqu'aux derniers temps de la République, le vote
eut lieu de vive voix[4], procédé contraire à la bonne

1. Willems, Dr. pub. rom., p. 184. Du Boys, op. et loc. cit. Bouché-Lecl., Man. des inst. rom., p. 451.

2. Voigt (die XII, Taf. I, p. 660), nous donne une formule de
rogation capitale : « Velitis, jubeatis, Quirites uti Numérius Negiduis,
L. Titio, C. Seio perduellionis judicatus. neci detur. »

3. V. égal., liv. XXVI, 3.

4. Laboulaye, Lois crim. des Rom., p. 155. Madvig., l'Et. rom.
I, p. 275, Maynz, Esq. Dr. crim. anc. R. p. 32. D'après Du Boys
(Hist. dr. crim. p. anc. p. 335), le peuple aurait voté par acclama-
tions dans les premiers de la République.

administration de la justice, surtout dans une juridiction soumise à l'influence des passions politiques. En
617, U. C. (137 av. J.-C.), la loi *Cassia tabellaria*[1]
établit, sauf pour les causes de *perduellio*, le scrutin
secret, déjà introduit dans les comices électoraux,
deux ans auparavant, par la loi Gabinia, due à l'initiative tribunicienne. La loi Cœlia[2], rendue en 647 de R.
(107 av. J.-C.), supprima l'exception relative au cas de
perduellio. A partir de la loi Cassia, les votes furent
formulés sur des tablettes (*tabellæ*) par les lettres A ou
C (*absolvo-condemno*) et déposés dans des corbeilles
(*cistæ*). Le dépouillement du scrutin s'appelait *diri-
bitio*.

Les amis de l'accusé tentaient quelquefois, pendant le
vote, une dernière manifestation en sa faveur. C'est
ainsi que lors du procès du censeur Claudius, les principaux sénateurs, après le vote de condamnation de
plusieurs *centuries*, déposèrent leurs anneaux, prirent
des vêtements de deuil et, implorant la multitude, lui
arrachèrent l'acquittement de l'accusé (Liv. XLIII, 16).
Parfois aussi, en désespoir de cause, on avait recours
à l'émeute, comme dans l'affaire du publicain Postumius (Liv. XXV, 3), déféré pour ce fait au peuple, sous
prévention capitale.

Si le vote n'était pas terminé avant le coucher du
soleil, toute la procédure tombait. La poursuite était
non avenue « tota causa judiciumque sublatum est »

---

1. Cicér. de Leg. 16 ; pro Sest., 48.
2. Cic. de Leg., III, 16.

(Cic. pr. dom. 17, § 45)[1]. Le partage égal des voix s'interprétait en faveur de l'accusé[2].

Après le vote, intervenait le dernier acte de la procédure : la *renunliatio* ou proclamation des résultats du scrutin par le président, à la fois le verdict et l'arrêt.

Cet arrêt pouvait être conditionnel, comme l'eût été l'arrêt rendu contre le décemvir naval Dolabella, si un présage ne fût venu interrompre le vote (liv. XL, 42).

§ 2. — *L'accusé se fait excuser.*

C'était le président de l'assemblée qui statuait sur la validité de l'excuse, maladie (Loi des Douze Tables, tab. 2-2) ou autre cause[3]. Si l'excuse était admise, on ajournait le procès. Si, au contraire, elle était rejetée, il commençait ou continuait, sauf intervention des magistrats compétents, malgré l'absence de l'accusé, que le président pouvait contraindre de comparaître par la force, en vertu du droit de coercition (*jus pren-*

---

1. Zumpt, Das criminalrecht des rom. Rep. I, 2, 264 et suiv. D'après Mommsen (Momms. et Marq., Man. des Ant. rom., Dr. publ. rom., T. VI, p. 408); il n'était pas admis que le même magistrat reprît l'accusation après cette péremption d'instance.

2. V. à ce sujet observation de Mommsen. Momms. et Marq. Man. des ant. rom.; Dr. pub. rom. T. VI, 1, p. 474; Maynz, Esq. hist. Dr. crim. anc. Rome, p. 34, note 33.

3. Laboulaye, Lois crim. des Rom., p. 149.

sionis), conséquence et sanction du droit de citation en justice (*vocatio*) (liv. XXXVIII, 52).

§ 3. — *L'accusé est parti pour l'exil.*

L'histoire de Rome nous offre de nombreux exemples de citoyens échappant à une condamnation ou à l'exécution d'une condamnation criminelle par l'exil volontaire.

D'après Polybe [1], l'exil volontaire était, à son époque, un droit que tout citoyen romain accusé pouvait exercer, tant que la majorité des voix nécessaire pour la condamnation n'était point obtenue. César, dans son discours au sujet de Catilina, rapporté par Salluste (Cat. 51), rattache le droit d'exil à une des lois *Porciæ de tergo civium*, probablement à la première (556 de R. — 198 av. J.-C.). « Postquam respublica adolevit et multitudini civium factiones valuere, circumveniri innocentes, alia hujuscemodi fieri cæpere ; tunc lex Porcia aliæque leges paratæ sunt, quibus legibus exsilium damnatis permissum est. »

La loi *Porcia* peut avoir fait un droit de l'exil volontaire, mais l'exil de Coriolan (Liv. II, 53), de Céson (Liv. III, 13), de M. Claudius, le complice du décemvir Appius (Liv. III, 58), montre que ce « perfugium portusque supplicii », selon l'expression de Cicéron (pro Cæcina, 34), était en usage à Rome dès les premiers temps de la République.

---

1. VI, 14, 7 et 8.

Cet expédient dut naître du droit de liberté provisoire, à la faveur du peu d'étendue du territoire romain
et du défaut de surveillance. D'abord pratiqué à la
sourdine, de nuit même, par des accusés trop compromis, comme Céson, il passa peu à peu dans les mœurs
et, après le vote de la loi des Douze Tables, devint,
pour les tribuns désormais impuissants à provoquer une
condamnation à mort, un moyen commode de se débarrasser d'adversaires gênants. Dès lors, la prépondérance prise par les assemblées *tributes,* la désuétude
de la peine de mort, qui en fut la conséquence, prépa-
rèrent la reconnaissance légale de l'exil volontaire, que
les luttes de partis rendirent nécessaire comme une
dernière garantie.

Examinons maintenant la situation faite à l'accusé
par l'exil volontaire. L'exil annoncé, si l'accusateur
n'abandonnait pas spontanément ou forcément la poursuite, le peuple pouvait clore le procès en excusant
l'exilé (Liv. XLIII, 2) ou passer outre et prononcer une
condamnation.

S'il était excusé, l'exilé comme le rélégué sous l'empire (fr. 5; D. de Interd. et rel. et deport, 1. XLVIII,
t. 22) n'encourait aucune déchéance.

Les citoyens des quelques villes indépendantes qui,
unies entre elles par les liens d'une alliance offensive et
défensive, composaient, avec Rome, la Confédération
latine, notamment Lanuvium, Préneste, Tibur, Gabiès,
Tusculum, Nomentum et leurs possessions communes,
les premières colonies, Ardée, par exemple, où se retira Camille (Liv. V, 32) représentaient, au point de
vue des droits, les membres d'une même nation. Aux
termes de l'*œquum fœdus* de 261 U. C. (493 av. J.-C.),

ils avaient sur tout le territoire de la Confédération,
non seulement le *commercium* dans sa plénitude, mais
aussi le *connubium*, le *Jus exsilii*, c'est-à-dire le droit
de devenir citoyen dans une autre ville par la simple
déclaration de la fixation du domicile[1] et même, d'après
Ortolan[2], le droit de prendre part au vote des assemblées publiques pendant un simple séjour.

Le citoyen romain exilé, qui se retirait dans une de
ces villes, pouvait donc, tout en conservant sa qualité
et ses droits, exercer au moins tous les droits civils
dans cette ville et, s'il le jugeait à-propos, échanger
son droit de cité romaine contre le droit de cité de sa
nouvelle résidence, sans diminuer cependant sa capa-
cité civile à Rome[3].

Si le peuple n'estimait pas l'exil volontaire suffisant,
il pouvait, selon qu'il était assemblé par tribus ou par
centuries, condamner par contumace (Liv. XXV, 4)
l'accusé absent à l'amende ou même lui interdire l'eau
et le feu.

La condamnation à l'amende ne modifiait en rien la
nature de l'exil volontaire. Seule, la crainte de la contrainte par corps ou de la saisie du patrimoine retenait
l'exilé hors de Rome[4].

---

1. Bouché-Leclercq, Man. des Inst. rom., p. 172 ; Mommsen, Hist.
rom., II, p. 132 ; Willems, Dr. pub. rom., p. 128. Liv. V, 44.

2. Ortolan, Hist. de la législ. rom., p. 168.

3. Après la dissolution de la Ligue latine (416 U. C. — 388 av.
J.-C.), des traités de paix établirent progressivement le « Jus exsilii »
avec un grand nombre de villes. Mais ces villes ne reçurent de Rome,
en retour des droits accordés chez elles, que des droit restreints.

4. Du Boys, Hist. Dr. crim. peup. anc., p. 315 ; A. Duméril,

Quant à l'interdiction de l'eau et du feu, l'ancienne *consecratio capitis et bonorum* du droit sacré, c'était le retranchement de la cité [1]. La personne et les biens du condamné cessaient d'être protégés par la loi. S'il rentrait à Rome, le premier venu avait le droit de le tuer impunément.

D'après Cicéron, considérant le citoyen romain comme maître absolu de son droit de cité au point de ne pouvoir en être dépouillé sans son consentement, la *capitis deminutio media* n'atteignait l'interdit qu'à la suite de son inscription dans une autre ville, de telle sorte que le contumax avait la faculté de conserver, malgré son interdiction, la qualité de citoyen romain : « Qui erant rerum capitalium condemnati non priûs hanc civitatem amittebant quam erant in eam recepti quo vertendi hoc est mutandi soli causâ venerant; id autem ut esset faciendum non ademptione civitatis sed tecti et aquæ et ignis interdictione faciebant » (Cic. pro domo, 30) [2]. L'interdiction de l'eau et du feu n'était pas une peine proprement dite, mais, du moins à l'origine, un ensem-

Aperçu sur révol. du Dr. crim. à Rome sous Rép. (Rev. gén. Dr. 1883., p. 378) ; Momms. et Marq., Manuel ant. rom. Dr. rom. VI, 1, p. 55, note 4.

1. Momms. et Marq., op. et loc. cit. ; Madvig, l'Et. rom., T. I, p. 61, note 18.

2. Mommsen (Mommsen et Marq., Man. des antiq. romaines, Dr. pub. rom. T. VI, 1, p. 55, note 1) essaie d'interpréter ce texte dans le sens de la théorie que nous soutenons (arg. du mot *recepti*). Mais il suffit de se rappeler que nous nous trouvons ici en présence non pas de Cicéron, historien, mais de Cicéron, avocat, plaidant sa propre cause (V. à ce sujet A. Duméril, Aperc. sur révol Dr. crim. Rome. — Rev. génér. 1883, pp. 314 et s.).

ble de mesures destinées à assurer l'exécution de la
peine de mort contre le coupable de crime capital, qui
s'était soustrait, par la fuite, à la vindicte publique. La
peine de mort emportait de plein droit la perte de la
cité, puisque, contrairement au principe posé par Cicéron, le condamné devenait, dès l'instant de sa condamnation, esclave de la peine. L'interdiction de l'eau et
du feu devait donc produire l'équivalent de l'esclavage
aux yeux des Romains, la transformation du citoyen en
étranger, en barbare, la déchéance du droit de cité.

D'ailleurs, comme le dit Fustel de Coulanges [1], l'interdiction de l'eau et du feu avait pour conséquence la
mise hors du culte; or, à Rome, où la religion servait de
base à toutes les institutions civiles et politiques, exclure
quelqu'un des sacrifices privés et publics, c'était le
retrancher de la famille et de l'Etat [2], « lui arracher,
suivant l'expression d'Ihering [3], la participation à la
communauté », en d'autres termes, lui enlever ses droits
de citoyen.

A l'époque de Cicéron, l'interdiction de l'eau et du
feu avait pris le caractère d'une peine spéciale; on la
prononçait contre des accusés présents [4]. Sous l'empire,
elle devint la déportation [5].

---

1. Cité antique, p. 234.

2. Id., p. 235.

3. Esprit du Dr. rom. T. I, p. 289.

4. Exil de Rutilius (663 U. C. — 91 av. J.-C.), de Cicéron (696
U. C. — 58 av. J.-C.), de Milon (702 U. C. — 52 av. J.-C.).

5. F. 10, § 2. ad leg. Jul. de vi publ. D. XLVIII, 6. — G. com. I,
128. — F. 6 p. De interd. et releg. et dep. D. XLVIII, 22. — F. 4 de

SECTION IV

DE L'EXÉCUTION DES JUGEMENTS

L'arrêt rendu par le peuple était définitif. Il fut *toujours exceptionnellement* affranchi de ce contrôle patricien de la *patrum auctoritas* [1], auquel les décisions législatives et électorales des différentes assemblées du peuple demeurèrent subordonnées jusque dans le courant du cinquième siècle de Rome (Loi *Publia Philonis*, 415 U. C. — 339 av. J.-C. Loi *Mœnia*).

Il n'était point cependant, théoriquement du moins, libre de toute entrave, car sa mise à exécution pouvait être empêchée ou modifiée par un décret du Sénat ou par l'intercession.

En effet, le Sénat, s'il ne lui appartenait pas de réviser la sentence et d'apprécier son bien fondé, avait le droit de l'annuler comme viciée soit par l'incompétence du magistrat président, soit par l'inobservation de certaines formalités religieuses.

La compétence du magistrat président pouvait être

---

pœnis, D. xlviii, 19. — F. 1 p. de bonis damnatorum, D. xlviii, 20. — F. 3 ad. leg. Jul. pecul., etc. D. xlviii, 13. — F. 8, § 1 et 2, qui test. facere possunt, etc. D. xlviii, 1. — F. 1, § 2, de legat et fideicom. (3) D. xxxii.

1. Willems, le Sénat de la Rép. rom., T. ii, p. 63 ; Bouché-Lec., Man. des inst. rom., p. 104 ; V. sens contraire, Momms, et Marq. Man. des ant. rom., le Dr. publ. rom. T. vii, p. 238,

infirmée par l'opposition dûment signifiée d'un·magis-·
trat supérieur, d'un collègue ou d'un tribun. La sentence
portée au mépris de cette opposition eût été nulle; mais
il est probable que le cas n'a jamais dû se présenter,
car l'opposition venait toujours du tribunat, puissance
trop redoutable pour éveiller une résistance directe.

 La subordination de la validité des décisions de
l'assemblée du peuple à l'accomplissement de certains
rites religieux aurait pu fournir aux patriciens contre
les procédés d'intimidation des tribuns de la plèbe —
pendant tout le siècle après la loi des Douze Tables,
que dura la lutte pour l'égalisation des ordres, — une
arme de nature à remplacer avantageusement, en
raison de son caractère discret, la *patrum auctoritas*
inefficace en matière criminelle. Nous avons remarqué, au début de ce travail, l'utilité pour les patriciens
— surtout dans les premiers siècles de Rome, étant
donnée la foi scrupuleuse du peuple, — du monopole de
l'interprétation des signes célestes, considérés comme
l'expression de la volonté des dieux. Aux garanties
minutieuses accumulées par la constitution oligarchique,
la religion ajoutait une nouvelle garantie plus sérieuse
encore : l'intervention divine.

C'était, au premier degré, *l'obnuntiatio* [1], qui permettait au magistrat même inférieur de maîtriser les
écarts du suffrage populaire, en viciant les auspices.
Les rites essentiels à la tenue des assemblées formaient
une seconde ligne de défense, expédient suprême,
auquel le Sénat eut plus d'une fois recours, dans la

---

1. Bouché-Leclerq, Man. des inst. rom., p. 45 et suiv.

lutte des ordres, quand des capitulations successives
eurent ébranlé tous les autres soutiens de la suprématie
patricienne.

Le Sénat n'était point, il est vrai, maître absolu en
matière d'auspices. Il fallait, pour qu'il pût prononcer
l'annulation, un décret du collège des augures [1] ; mais
ce collège, composé de patriciens, savait plier les sub-
tilités de sa science aux exigences de la politique,
comme le prouve notamment sa décision au sujet de la
nomination du premier dictateur plébéien M. Claudius
Marcellus (Liv. VIII, 23). Dès lors, loin d'être un
obstacle pour le Sénat, cette consultation des augures
lui venait en aide en donnant à sa décision conforme
une autorité indiscutable, à l'abri de tout soupçon de
partialité politique.

Malheureusement, la juridiction la plus dangereuse,
les *concilia plebis,* dont les tribuns avaient la libre
disposition et devant laquelle ils portaient toute accusation née des querelles de partis, n'étant pas en raison
de son origine et du caractère du tribunat, soumise aux
formalités religieuses, échappait à cette sanction. Le
Sénat n'eut point certainement souffert la condamnation des anciens tribuns, Virginius et Pomponius, coupables d'un trop grand dévouement à sa cause, s'il ne
se fût trouvé complétement désarmé vis-à-vis des
arrêts rendus par les *concilia plebis* (Liv. V, 29). [2]

---

1. Bouché-Lecl., op. cit., p. 540. — Le collège des augures ne
fut ouvert aux plébéiens que par la loi Ogulnia (454 U.-C. — 300
av. J.-C.).

2. « ..... Quos defendi Patrum consensu ad fidem senatus perti-
nebat. Neque enim eos aut vitæ ullo crimine alio aut gesti magis-

Aussi, ne rencontrons-nous nulle part d'application de cet expédient en matière criminelle. Les patriciens avaient trop de garanties du côté des comices, à cause de leur composition, de la qualité du président et de la ressource de l'*obnuntiatio*, pour qu'il devînt nécessaire de recourir à la cassation. Quant aux vices réels dans l'accomplissement des formalités compliquées des auspices, ils ne pouvaient guère donner lieu à l'intervention du Sénat, parce que tout magistrat président était assisté d'un augure attentif à l'accomplissement du rite et qui en aurait signalé, séance tenante, le défaut.

Cependant ce droit du Sénat n'était point inutile, car il affermissait, dans les premiers temps, entre les mains de la classe patricienne, la disposition exclusive de la vie et du statut des citoyens et, la lutte des ordres terminée, facilitait, le cas échéant, à l'aristocratie, la résistance contre des magistrats hostiles.

A ce droit de cassation du Sénat, on peut opposer le droit d'intercession, appartenant aux magistrats investis de la *par majorve potestas*, ainsi qu'aux tribuns de la plèbe et qui permettait à ces derniers d'arrêter l'exécution de toute sentence. Mais, comme le droit de cassation, ce moyen était peu pratiqué, en raison du droit beaucoup plus radical de paralyser par l'intercession le projet lui-même. On ne voit le tribunat en faire usage que pour atténuer les conséquences de certains jugements. C'est ainsi que le tribun Tibérius Gracchus

tratus quisquam arguebat, pæterquam quod, gratificantes Patribus, rogationi tribuniciæ intercessissent. Vicent tamen gratiam senatus plebis ira ; et pessimo exemplo innoxii denis millibus gravis æris condemnati sunt. Id ægre passi Patres. »

empêcha l'exercice de la contrainte par corps contre
L. Scipion (Liv. XXXVIII, 60, Val. Maz, L. 4, C. I. 8)
et que Virginius sauva du supplice M. Claudius, le
complice du décemvir Appius [1] (Liv. III, 58).

Par son caractère définitif, la sentence du peuple
était exécutoire immédiatement[2], sauf intervention.
C'est du moment même où elle était rendue que la
capitis deminutio résultant des condamnations capitales, produisait son effet[3] et que l'infamie était encourue
pour les condamnations pécuniaires, lorsque la législation pénale eut attaché cette flétrissure à toute condamnation criminelle[4].

L'exécution des jugements criminels était poursuivie
à la diligence du président de l'assemblée, qui les avait
prononcés et assurée par les soins des questeurs et des
tribuns (*Manlius*. Liv. VI, 20), et plus tard par les
triumviri capitales, officiers chargés spécialement de
la police et de la surveillance des prisons.

---

1. L'exécution des condamnations à mort pouvait, en outre, être
arrêtée par certaines circonstances absolument fortuites et sans
aucun lien avec le fonctionnement des pouvoirs publics, qui témoi-
gnent du respect dont les Romains entouraient les hauts représentants du culte national. La génuflexion devant le flamine de Jupiter
suspendait l'exécution et la rencontre d'une vestale impliquait grâce
du supplice (Mommsen, H. R., I, p. 205).

2. Laboulaye, Lois crimin. des Rom., p. 157 ; Maynz, Esq. hist.
Dr. crim. anc. R., p. 34.

3. Du Boys, Hist. Dr. crim. des peuples anc., p. 249 ; Humbert,
Des conséq. des cond. pénales en Dr. rom. et en Dr. franç., n. 86,
p. 86.

4. V. Bouché-Leclerq, Man. des inst. rom., pp. 50 et 95 ; Humbert, op. cit., n. 138, p. 132.

Les amendes étaient recouvrées par le ministère des questeurs, selon les modes ordinaires d'exécution du Droit civil (Liv. XXXVIII, 60). On employait, au besoin, la contrainte par corps.

SECTION V

DE LA RÉVOCATION DES JUGEMENTS

Une fois l'arrêt exécuté, la peine ne pouvait cesser que par une décision du peuple. Cette nouvelle loi, abrogeant la sentence, avait pour effet d'effacer complètement la condamnation, de rétablir le condamné dans sa situation antérieure, d'où le nom de *restitutio in intégrum*.

On compare d'ordinaire la *restitutio in integrum* à la réhabilitation, mais la réhabilitation se rattache aux mesures de clémence, tandis que la *restitutio in integrum,* au moins sous la République, constitue la réparation d'une injustice. C'est, en somme, la révision du procès. Aussi voyons-nous non seülement le condamné réintégré dans ses droits civils, mais la peine elle-même détruite dans la mesure du possible par la restitution des biens saisis.

Nous étudierons la *restitutio in integrum* :

1° En matière capitale ;
2° En matière de condamnations pécuniaires.

1° « *Restitutio in integrum* » en *matière* capitale.

Les comices centuries étant exclusivement compétents pour les causes capitales, une loi centuriate pouvait seule légalement rendre la cité à l'exilé [1]. Les faits paraissent cependant démentir cette assertion. Tite-Live nous montre Camille rappelé à Rome par les comices curiates (Liv. V, 47), et plus tard nombre de condamnés politiques, parmi lesquels nous citerons Popilius Lænas, Metellus Numidicus (Liv. ep. 69), Marius [2], sont restitués par les tribus. L'histoire ne nous a transmis qu'un seul exemple de *restitutio in integrum* prononcé par les *centuries* au profit d'un exilé : le rappel de Cicéron [3].

Ces différents cas ne peuvent servir d'arguments contre notre règle. Rien ne prouve d'abord que les curies aient restitué Camille. Camille n'était pas un

1. V. Cependant Momms. et Marq., Man. des ant. rom. Dr. pub rom. T. VI, I, p. 374.

2. Cic. ad quirites, 4 et 5.

3. Cependant, Cicéron lui-même nous dit que Céson, Camille (?) et Servilius Ahala furent restitués par les centuries : « At vero ut annales populi romani et monumenta vetustatis loquuntur Kœso ille quintius et M. Furius Camillus et M. Servilius Ahala, quum essent optime de republica meriti, tamen populi incitati vim iracumdiamque subierunt damnatique comitiis centuriatis quum in exsilium profugissent, rursùs ab eodem populo placato sunt in suam pristinam dignitatem restituti » (pro domo, 32).

exilé. Condamné par défaut à une amende de quinze mille livres pesant de cuivre, il s'était fait inscrire dans la colonie latine d'Ardée, perdant ainsi sa qualité de citoyen romain, en vertu du principe de la loi romaine que nul ne peut appartenir à deux cités [1], mais acquérant en échange un nouveau droit de cité équivalent, qui, à cette époque, lui permettait de devenir citoyen romain par simple transport de résidence. La crainte d'être contraint par corps pour le paiement de l'amende était le seul motif qui pût l'empêcher de rentrer à Rome. Les circonstances enlevant tout fondement à cette appréhension, il est probable, selon la première opinion indiquée par Tite-Live, que Camille fut ramené à Véies et investi du pouvoir dictatorial dans cette ville, devenue momentanément le siège de la nation romaine, par l'assemblée des curies, dépositaire de l'*imperium,* suppléant avec l'autorisation du Sénat, les tribuns militaires discrédités depuis la déroute de l'Allia et dont la compétence pour la nomination d'un dictateur paraissait peut-être contestable, malgré la décision des augures de 328 de Rome [2].

D'ailleurs, les comices curiates eussent-ils restitué un véritable exilé pour le nommer dictateur, que ce fait ne

---

1. Duarum civitatum civis esse, nostro jure civili, nemo potest (Cic. pro Balbo, 11).

2. D'après Mommsen (Momms. et Marq., Man. des ant. rom. Dr. publ. rom., VI, I, p. 44), qui, conformément à l'opinion générale, voit dans Camille un exilé, les curies ne seraient pas intervenues pour conférer au futur dictateur l'imperium, mais pour lui rendre *exceptionnellement* sa *gentilitas,* à la suite d'un vote des centuries ou des tribus, prononçant la restitution.

pourrait être invoqué, vu la crise peu propice aux com-
plications de procédure que traversait alors la République romaine.

Quant aux rappels d'exilés par les tribus, notons qu'ils
se rapportent tous aux périodes troublées des derniers
siècles de la République.

A cette époque, les assemblées tributes, comices et
concilia plebis, avaient supplanté, au point de vue
législatif, l'assemblée centuriate, rouage incommode et
suranné en dépit de sa refonte, comme autrefois cette
même assemblée centuriate avait annihilé l'assemblée
plus étroite des curies. La compétence exclusive en
matière capitale appartenait encore aux centuries, en
vertu des Douze Tables, mais si, en principe, aucune
loi n'était venue modifier cet état de choses, en fait les
assemblées tributes tendaient à s'emparer de la juridiction souveraine.

Pour les démocrates, cette forme égalitaire, dans
laquelle dominait la plèbe, toute à la dévotion des
agitateurs, devait être l'unique assemblée maîtresse de
l'Etat, et c'est à elle qu'ils s'adressaient non seulement
pour le vote de leurs lois, mais pour obtenir des condamnations, lorsqu'ils prenaient la peine de donner à
leurs vengeances politiques une teinte de légalité. Ce
fut assemblé par les tribus que le peuple, après avoir
exilé Popilius Lænas et Metellus Numidicus [1], prononça
indirectement pour exécutions illégales l'interdiction
de l'eau et du feu contre Cicéron, dont il avait naguère
applaudi le *vixerunt.*

---

1. Cic. pro domo, 30.

D'autre part, le parti aristocratique, quand le jeu de bascule de la lutte le ramenait au pouvoir, se gardait bien d'irriter inutilement le peuple qu'il cherchait à se concilier. Les tribus étaient, par conséquent, alors appelées à rapporter les arrêts, rendus sous les démocrates. D'ailleurs, les tribus ayant prononcé ces condamnations, il était suffisant, logique et même prudent de les faire intervenir pour les retirer. Si les centuries furent exceptionnellement convoquées pour le rappel de Cicéron, ce dont Cicéron se glorifie (Cic. *ad quirites,* 4 et 5), ce fut, non seulement pour souligner, par la mise en scène du *maximus comitiatus,* la restitution du défenseur de la constitution et donner une sorte de ratification solennelle à la conduite du consul[1], mais peut-être aussi pour éviter les tiraillements ou le mécompte, qui auraient pu résulter de la consultation des tribus, en ce moment dominées par Clodius.

Au contraire, tant qu'elle demeura maîtresse du gouvernement, jusqu'à l'avant-dernier siècle de la République, l'aristocratie dut se montrer jalouse du monopole, un instant ébranlé, de la juridiction capitale, qu'elle avait ressaisi par la loi des Douze Tables. Nous verrons plus loin ses efforts pour affermir dans ses mains cette prérogative, dès qu'elle sentit vieillir l'institution des comices centuriates. Il n'est donc pas probable que le Sénat, plus tard si scrupuleux, en matière de restitution, au sujet des arrêts des *tribunaux equestres*, consentit, à cette époque, à laisser réviser par les tribus les sentences des comices centuries, car

1. Cic. pro domo, 28.

une telle concession eût diminué l'autorité de cette juridiction au préjudice de l'aristocratie et ouvert la porte aux empiètements. Les comices centuriates avaient seuls, par conséquent, compétence pour accorder la *restitutio in integrum* aux exilés comme pour prononcer l'interdiction de l'eau et du feu.

D'ailleurs, les rappels d'exilés ont dû être très rares pendant cette période, étant donnés le caractère de la *restitutio* et sa destination surtout politique. Nous n'en relevons aucun exemple dans l'histoire. Ce n'est que dans les temps de révolution, où le gouvernement du lendemain est la contradiction du gouvernement de la veille, que la révocation des sentences de la justice peut devenir d'un usage régulier. Dans un gouvernement suivi, comme celui de la République romaine avant les Gracques, elle constitue un procédé tout à fait exceptionnel. Rappelons qu'à Rome, l'intercession tribunitienne garantissait les citoyens de la partialité des centuries.

2° « *Restitutio in integrum* » *en matière de condamnations pécuniaires.*

Pour les condamnés à l'amende, la *restitutio in integrum* ne paraît pas avoir été admise à l'égard des sommes perçues. Ces sommes recevaient d'ordinaire une affectation religieuse. D'un autre côté, les condamnés qui s'étaient soustraits par l'exil volontaire au paiement de l'amende, pouvaient venir impunément reprendre l'exercice de leurs droits de citoyen, dès qu'ils étaient assurés de l'indulgence des magistrats compétents et des tribuns. La *restitutio* devint cependant nécessaire pour rendre au condamné son *existimatio,* quand toutes les condamnations criminelles entraînèrent l'infamie.

CHAPITRE III

Décadence et transformation de la juridiction criminelle des assemblées populaires.

Notre premier chapitre nous a montré la juridiction populaire se développant de pair avec la souveraineté du peuple romain, sous l'influence des événements et réduisant à néant la juridiction criminelle des consuls; nous devons, maintenant que nous avons exposé les règles de la procédure, compléter cette étude par l'examen de la deuxième phase de l'évolution de la juridiction populaire, la phase de la décadence.

Cette deuxième phase peut se diviser en deux périodes.

D'abord une institution transitoire, fonctionnant à titre exceptionnel à côté de la juridiction du peuple dont elle procède, l'immobilise peu à peu et nous voyons pendant cette période les consuls, généralement chargés des *quætiones*, ressaisir dans une certaine mesure, sous le patronage et pour le compte du Sénat, cette juridiction que, par une gradation inverse, l'assemblée du peuple leur avait autrefois enlevée.

Puis cette institution transitoire revêt un caractère définitif, une existence propre et, se détachant de la juridiction populaire, se substitue presque complètement à elle jusqu'à ce que l'Empire vienne supprimer en droit cette ombre de l'*unicum præsidium libertatis*.

D'où deux sections :

Section première. — *Quæstiones extraordinariæ.*
Section II. — *Quæstiones perpetuæ.*

SECTION PREMIÈRE

QUÆSTIONES EXTRAORDINARIÆ

A l'époque de la promulgation de la loi des Douze Tables, le peuple romain, resserré dans les étroites limites de Rome et de ses environs, pouvait aisément trouver, dans ses modestes occupations de petit agriculteur, les loisirs nécessaires à l'exercice de ses droits politiques, dont la lutte entre les ordres faisait sentir tout le prix.

Mais, plus tard, quand de nouvelles conquêtes eurent permis de débarrasser l'ancien territoire d'un trop plein de population et que les préoccupations de la spéculation commerciale commencèrent d'absorber les esprits, l'égalité des ordres étant réalisée, l'importance de l'assemblée du peuple déclina peu à peu. La majeure partie des citoyens prit l'habitude de ne répondre à l'appel des magistrats que dans les circonstances graves et cependant les affaires publiques allaient augmentant sans cesse avec la puissance de Rome, Le peuple, fatigué du pouvoir, était donc tout disposé à se laisser dépouiller, pourvu que le principe de sa souveraineté fût respecté.

D'autre part, le Sénat, loin d'avoir été affaibli par les attaques de la plèbe, se relevait plus fort de la lutte des ordres. L'ouverture des magistratures à tous les citoyens, en effaçant la ligne de démarcation qui séparait le patriciat des riches plébéiens, avait établi, entre ces deux classes, une communauté d'intérêts dont le Sénat bénéficiait.

Jadis, sous les rois, simple assemblée consultative, devenue sous la République le défenseur d'une constitution oligarchique, qui assurait la direction de l'Etat au patriciat, dont il était l'expression, le Sénat se transformait en un agent immédiat de gouvernement, représentant, du moins en principe, non plus, comme autrefois, une caste, mais le peuple tout entier [1]. L'émiettement du pouvoir exécutif, dernier effort du patriciat, qui avait voulu émousser ses armes avant de les rendre, avait accru l'influence de cette corporation permanente. Le tribunat du peuple, la seule autorité capable d'arrêter les empiètements du Sénat, faisait trêve après la victoire et lui donnait son appui, en échange de certaines prérogatives [2]. Le nouveau parti aristocratique se trouvait dans une situation trop favorable pour ne point

1. En 403 de R. (351 av. J.-C.), la loi Ovinia fit de toute magistrature un titre privilégié pour l'admission au Sénat, mais, déjà avant cette époque, les plébéiens pouvaient être admis dans cette assemblée. Mommsen, Hist. rom., T. II, p. 366 (Append.), et 97 ; Belot, Hist. des chev. rom. T. I, p. 132 ; Willems, Dr. publ. rom., p. 195 ; Bouché-Leclercq, Man. des Inst. rom., p. 94.

2. Mommsen, Hist. rom. T. II, p. 94 et suiv.

chercher à s'emparer du souverain pouvoir, par conséquent de la juridiction criminelle, son soutien, d'autant
que les comices par tribus, plus en harmonie avec les
idées d'égalité, tendaient à se substituer, au préjudice
de la noblesse, à l'antique assemblée centuriate de
Servius Tullius.

Le but fut poursuivi par l'expédient de la délégation.
L'usage de plus en plus fréquent des senatus consultes,
auxquels la coutume reconnaissait force de loi, s'ils
n'étaient point frappés d'opposition [1], permit au Sénat
de légiférer à la place du peuple. Sur le terrain, mieux
défendu, de la juridiction criminelle, on eut recours à
une délégation expresse, au moins dans les premiers
temps. Cette commission, spécialement donnée pour
chaque cause, prit le nom de *quæstio extraordinaria.*

Le premier exemple de délégation de ce genre paraît se placer en 341 (413 av. J.-C.), par conséquent
avant la complète solution de la lutte des ordres, à
l'occasion du meurtre du tribun militaire Postumius
Regillensis, massacré par ses soldats, irrités de sa
cruauté (Liv. IV, 50). En principe, il n'était pas nécessaire de soumettre cette affaire au peuple. Le meurtre
avait été commis à l'armée, et le droit de provocation
ne couvrait pas alors les soldats contre la juridiction
de leurs généraux.

Cependant, comme il s'agissait de poursuivre un
groupe de citoyens, de gens de la plèbe et que la situation précaire du patriciat en ce moment commandait la

---

1. Bouché-Leclercq, Man. des Inst. rom., p. 100 ; Willems, Sénat,
Rep. Rom. T. I, pp. 203 et 223.

plus grande circonspection, le Sénat préféra saisir le peuple. L'affaire demandait une instruction assez longue, loin de Rome; il était surtout à craindre que le jugement, dans les comices, n'amenât des troubles, car les tribuns du peuple s'agitaient. Pour obtenir ce double résultat, éviter le mécontentement et assurer le châtiment des coupables, le Sénat prit un moyen terme. Il fit proposer par les tribuns, peut-être sous la menace d'un dictateur, de nommer des juges délégués. Bien que l'affaire fût de la compétence des comices centuriates, l'initiative de la délégation appartint à la plèbe et les centuries approuvèrent ensuite cette délégation. « His consulibus principio anni senatus consultum factum est ut de quæstione Postumianæ cædis tribuni primo quoque tempore ad plebem ferrent; plebesque præficeret quæstioni quem vellet. A plebe consensu populi consulibus negotium mandatur..... » (Liv. IV, 51). Les meurtriers de Postumius furent donc jugés sans appel, en vertu de la délégation de tout le peuple, par les consuls.

Longtemps ce cas de commission extraordinaire demeure isolé. Durant deux siècles nous ne relevons qu'une seule *quæstio* [1] dirigée contre des citoyens, la *quæstio* dont furent chargés les consuls en 440 (314 av. J.-Ch.), à l'occasion des abus de pouvoir com-

---

1. En 423 (331 av. J.-C.), affaire des empoisonneurs jugée par des commissaires extraordinaires, pour la nomination desquels le peuple n'eut pas à intervenir, les femmes n'étant pas protégées par le droit de provocation (Liv. VIII, 18).

En 451 (303 av. J.-C.), nouvelle *quæstio* dirigée par les consuls, sur l'ordre exclusif du Sénat, contre certains Frusinates, coupables de menées hostiles, contre des non-citoyens par conséquent.

7

mis par le dictateur à compétence restreinte, C. Ménius, et son maître de cavalerie Folscius [1].

Mais, à partir du milieu du sixième siècle, les *quæstiones extraordinariæ* se multiplient. Le Sénat était alors tout-puissant. Les grandes guerres de Pyrrhus, de Macédoine et de Carthage ayant fait sentir le besoin d'une direction continue et sérieuse, le peuple romain s'était groupé autour de ce corps, qui, par son énergie, venant à bout de tous les obstacles, lui avait donné la victoire, et les étrangers, voyant en lui la personnification de la République romaine, s'agenouillaient devant ce collège d'hommes d'Etat et de généraux, cette assemblée de rois, selon l'expression des ambassadeurs épirotes. L'accroissement de la puissance du Sénat avait porté un nouveau coup au rôle déjà bien amoindri des comices. D'ailleurs, l'extension considérable des limites de la République, le recrutement d'armées permanentes enlevaient aux décisions de ces assemblées leur caractère de volonté nationale. Le Sénat s'était approprié l'administration de la politique extérieure. En conséquence, il connaissait de tous les crimes d'Etat commis

---

1. Ce dictateur nommé par le Sénat pour juger, avec un certain nombre d'assesseurs, la conspiration de Capoue, continua ses pouvoirs à Rome, au lieu d'abdiquer sa charge après avoir rempli son mandat en Campanie, et laissa poursuivre, par son tribunal, plusieurs nobles citoyens, étrangers à la conspiration, sous le prétexte que le décret du Sénat ne visait pas uniquement les troubles de Capoue, mais en général toute espèce de réunions et de complots contraires à la République. Cette conduite, ayant provoqué de violentes protestations de la part de la noblesse, le dictateur se démit de ses fonctions et demanda au Sénat des juges pour lui et pour son maître de cavalerie Folscius (Liv. IX, 26).

par les peuples sujets, tantôt statuant lui-même,
comme dans la révolte de Capoue, en 544 (210 av.
J.-C.) (Liv. XXVI, 33), tantôt déléguant ses pouvoirs
à des commissaires spéciaux. C'est ainsi que furent
poursuivis et ·jugés : en 547, les Etrusques et les
Ombriens, coupables d'intelligence avec Asdrubal
(Liv. XXVIII, 10); en 550, les menées hostiles des
Etrusques à l'égard de Rome (Liv. XXIX, 36); le vol
des trésors du temple de Proserpine, à Locres, de 554
(Liv. XXXI, 12 et XXXII, 1); le complot des otages
carthaginois retenus à Setia, en 556 (Liv. XXXII, 26);
la conspiration d'esclaves de 558, en Etrurie (Liv.
XXXIII, 36).

Bientôt l'usage habituel des *quæstiones extraordinariæ* passa dans les mœurs judiciaires de la métropole et, dès ce moment, la juridiction criminelle du
peuple fut faussée [1]. Plusieurs fois, en effet, depuis cette
époque, le Sénat prit la liberté de nommer, sans le
concours des comices, des questeurs pour des affaires
capitales intéressant des citoyens romains, notamment
à l'occasion du fameux procès des Bacchanales, en 568
(186 av. J.-C.) (Liv. XXXIX, 8, 41, XL, 19). La
théorie des senatus consultes favorisa cette substitution. Le Sénat semble, il est vrai, n'avoir agi, indépendamment du peuple, que dans des circonstances
où la sécurité des citoyens exigeait une intervention

---

1. La première loi *Porcia de tergo civium*, dont la date est incer-
taine (556 U. C. — 198 av. J.-C. ou entre 588 U. C. — 166 av. J.-C.),
et 620 (134) (Mort de Tibérius Gracchus, 621), paraît avoir été
dirigée contre cette transformation, au profit du Sénat, de la juridiction criminelle du peuple.

prompte et énergique. Toujours est-il que la généralisation du système des commissions extraordinaires
mettait entre ses mains la justice criminelle, car il lui
était facile de faire accepter ses candidats par les
comices, qui se déchargeaient d'ailleurs le plus souvent
sur lui du soin de désigner les délégués.

Mais ce résultat était loin de suffire. Le peuple continuait à demeurer l'unique dépositaire légal de la juridiction criminelle et une reprise de la querelle entre
l'aristocratie et la plèbe pouvait ruiner, d'un seul coup,
l'œuvre du Sénat. Le parti noble se trouvait bien moins
armé qu'autrefois pour la lutte. Il n'avait plus à compter avec la même confiance sur les comices centuriates,
dont les bases avaient dû être élargies, afin de prolonger l'existence de l'institution. Il importait, par conséquent, d'assurer au Sénat la possession de droit de la
juridiction criminelle.

SECTION II

QUÆSTIONES PERPETUÆ

L'organisation des provinces avait rapidement donné
naissance aux abus les plus honteux. Les gouverneurs,
pour la plupart nobles ruinés, écloppés de la politique
ou favoris de l'aristocratie, nommés par le Sénat, pres-
suraient à l'envi leurs administrés. Les méfaits de ces
promagistrats pouvaient certainement, à la sortie de

charge, faire l'objet d'une accusation devant le peuple,
procédé cependant peu pratique, car il fallait intéresser
au sort de la province un magistrat ou un tribun, et,
au moins dans la haute classe de Rome, la qualité des
victimes atténuait la gravité des exactions commises[1].

Aussi, poussés à bout par la tyrannie d'un gouver-
neur, les provinciaux s'adressaient-ils de préférence au
Sénat, leur maître, qui, dans le cas où il se décidait à
poursuivre, renvoyait l'affaire à une commission spéciale. Mais on avait coutume, en pareille 'matière, sauf
si des crimes contre les personnes étaient relevés à la
charge de l'accusé, comme dans le procès de Plemini-
cus (Liv. XXIX, 16-22), de condamner simplement à la
restitution[2].

Ces sortes de poursuites, dans lesquelles les provinces étaient représentées par des patrons citoyens
romains, se rapprochaient par conséquent beaucoup
des procès civils, dont elles différaient cependant, à
cause du caractère délictueux qu'elles empruntaient à
l'abus de pouvoir du magistrat et de l'exécution de la

---

1. V. notamment Maynz. Esq. hist. du Dr. crim. de l'anc. Rome,
p. 36.

2 Tite-Live nous en fournit une preuve, au sujet du procès en
concussion de Scipion l'Asiatique, provoqué par des tribuns ennemis
de la famille de ce général, quand, après avoir contesté l'exactitude
du chiffre prétendu de la condamnation prononcée, il ajoute : « Si-
milius enim veri est, argenti, quam auri majus pondus fuisse ; et
potius quadragesies quam ducenties quadragesies *litem æstimatam*,
eo magis quod tantæ summæ rationem etiam ab ipso P. Scipione
requisitam esse in senatu, tradunt..... (Liv. xxxviii, 55).

condamnation, confiée aux agents du gouvernement [1]. Une répression aussi molle n'était guère de nature à rémédier au mal; les plaintes augmentaient toujours avec les exactions des gouverneurs et les procès en concussion se multipliaient.

Enfin, en l'an de Rome 605 (149 av. J.-Ch.), un tribun, Calpurnius Piso, fit passer une loi, organisant, pour cette catégorie de délits, une juridiction permanente, c'est-à-dire transformant en une institution régulière la commission spécialement déléguée jusqu'alors pour chaque poursuite [2].

On s'est demandé si cette loi Calpurnia *de repetundis* avait eu pour but de favoriser ou, au contraire, d'enrayer la domination du Sénat. Calpurnius Piso, que les deux partis récompensèrent, d'un commun accord, par le surnom de « *frugi,* l'honnête », nous paraît avoir eu en vue l'intérêt de la noblesse, car, si en ouvrant aux provinciaux un recours direct devant un tribunal permanent, sa loi rendait la poursuite plus aisée et la répression plus sûre, elle assurait d'autre part au Sénat, dont les membres pouvaient seuls être juges en matière civile, la connaissance exclusive des exactions commises par les gouverneurs; en d'autres

---

1. Le caractère pénal de cette *quæstio* fut accentué par la loi *Acilia de repetundis* (632 U. C. — 122 av. J.-C.), qui édicta contre les magistrats concussionnaires la condamnation en double, — plus tard, condamnation au quadruple.

2. Maynz, Esq. hist. des crim. anc. R., p. 37. Bouché-Leclercq, Man. Inst. rom. p. 448.

termes, elle commençait, au profit de l'aristocratie, le démembrement de la juridiction criminelle du peuple [1].

La voie était désormais ouverte à la réalisation complète de l'usurpation entreprise par le Sénat et l'accueil favorable fait par le peuple à l'innovation de Calpurnius dans une matière voisine de la politique, laissait espérer qu'il serait facile de confisquer progressivement aux comices; au moyen de ce système d'une délégation une fois donnée, la juridiction criminelle tout entière.

L'organisation des *quæstiones perpetuæ* fut cependant continuée par le parti populaire et contre la noblesse. La République romaine entrait alors dans une nouvelle période de crise à l'intérieur. La plèbe proprement dite n'avait retiré aucun avantage effectif de la lutte des ordres, dont seule la classe riche avait profité. Une autre opposition s'était sourdement formée sous l'influence du mécontentement, mais les préoccupations et les dangers des différentes guerres avaient retardé sa manifestation. Après la paix définitive, l'événement allait justifier cette prévision de Caton : « Que devait devenir Rome, quand elle n'aurait plus aucun Etat à redouter. »

Un jeune tribun du peuple, Tibérius Sempronius Gracchus, ouvrit les hostilités, en proposant le partage des terres publiques, dont les grands propriétaires s'étaient indûment emparés. Accablé par un adversaire trop puissant, Tibérius Gracchus périt dans une émeute (621 U. C. — 133 av. J.-Ch.), et le Sénat se servit d'une

---

1. V. Laboulaye, Lois crim. des Rom., p. 132.

commission extraordinaire, nommée sans le concours du peuple, pour étouffer la révolution naissante [1].

Mais les condamnations à mort, prononcées contre un grand nombre de partisans de Tibérius Gracchus par cette *quæstio*, sous la présidence du consul Popilius Lænas, n'effrayèrent point Caius Sempronius Gracchus, qui, dix ans plus tard (631 U. C. — 123 av. J.-Ch.), reprit, avec plus d'habileté sinon avec plus de succès, l'exécution du plan de réforme de son frère [2], dont il brûlait de venger la mort.

Au lieu d'attaquer imprudemment, à l'exemple de Tibérius, la masse de l'aristocratie, il concentra ses efforts sur la fraction la plus hostile, l'aristocratie sénatoriale, flattant, au contraire, l'autre fraction, l'ordre des chevaliers, non seulement pour la séparer de ses anciens alliés, mais pour la gagner à la cause de l'opposition et assurer, par ce déplacement de forces, la victoire au parti populaire [3].

Afin de se concilier cet ordre et de lui faire épouser sa querelle, C. Gracchus, exploitant sa cupidité, lui

---

1. Momms., Hist. rom. T. v, p. 34.

2. Momms., Hist. rom. T. v, p. 32.

3. A cette époque, il y avait, en effet, à Rome, à côté de l'ordre sénatorial et faisant cause commune avec lui, malgré ses ressentiments, une classe de riches spéculateurs, déjà nettement distinguée de la noblesse sénatoriale par l'interdiction de pratiquer le gros négoce, résultant, pour celle-ci, du plébiscite Claudien de 535 (219 av. J.-C.) et complètement détachée d'elle, peu avant le tribunat de C. Gracchus, par une loi qui, en établissant l'incompatibilité entre les fonctions de sénateur et le service dans la cavalerie, isola, en quelque sorte, cette catégorie de commerçants dans l'ordre équestre.

livra, par le système de l'adjudication, déjà généralement employé pour les taxes indirectes, la perception
des impôts directs en Asie, renforcée par le privilège
exclusif, jusque-là réservé aux sénateurs, de fournir les
jurés en matière civile comme en matière criminelle.
De la sorte, les chevaliers devenaient les maîtres dans
les provinces, dont les gouverneurs dépendaient désormais de leur juridiction, tandis que, dépossédé, au
moins en fait, de son domaine provincial, le Sénat per-
dait, d'autre part, avec le monopole des fonctions de
juré, un de ses plus puissants moyens d'action et se
voyait arrêté radicalement dans son accaparement de
la juridiction criminelle au moment d'atteindre le but.

Dans l'intention d'enlever au Sénat sa compétence
criminelle, usurpée à l'aide des *quæstiones extraordinariæ*, et de supprimer ainsi toute possibilité de résistance
de sa part, Gracchus proposa une loi, dont Cicéron nous
donne la formule suivante :

« Ne de capite civium romanorum injussu populi
judicaretur » (Cic. pro. Rab. perd., 4. § 12)[1]. Cette
formule nous montre qu'en proclamant de nouveau le
principe de la *provocatio ad populum,* Caius Gracchus n'avait point l'intention de tirer de la désuétude
l'ancienne juridiction du peuple. Il connaissait trop le
peu de valeur de l'assemblée populaire pour exagérer
le rôle de cet instrument politique. Aussi, détruisant,
d'une part, l'inégalité qui existait encore entre les différentes classes dans l'assemblée de centuries, il cher-

---

1. Willems, Dr. pub. rom., p. 181. — D'après Mommsen, Hist.
rom. T. v, p. 56, la loi de Gracchus aurait étendu l'appel aux
militaires.

chait de l'autre à entourer de sérieuses garanties le jugement des crimes de droit commun [1] et instituait, à cet effet, pour les attentats les plus graves, deux nouvelles *quœstiones perpetuœ* : la *quœstio de veneficiis* et la *quœstio de sicariis* (Loi Sempronia de 631. — 123 av. J.-Ch.).

Il eût probablement généralisé ce système des commissions permanentes, si un brusque retour de la politique, provoqué par une imprudence, ne fût venu le surprendre au milieu de ses réformes. Mais la chute du tribun ne pouvait être pour le parti aristocratique qu'une demi victoire. Gracchus appelait avec raison sa loi sur les jurys un poignard, avec lequel la noblesse se détruirait elle-même [2], car l'administration de la justice était indispensable au Sénat, dont les revendications dans ce sens allaient se butter, par suite de l'habile combinaison de Gracchus, contre les intérêts pécuniaires de la haute finance. L'annihilation politique des deux ordres fit seule cesser cet antagonisme, dont une série de lois marque les diverses péripéties [3].

Le développement des commissions perpétuelles

---

1. Momms., Hist. rom. T. v, p. 56.

2. Mommsen, Hist. rom. T. v, p. 188.

3. Les fonctions de Juré, d'abord énergiquement retenues par les chevaliers, malgré les efforts de la noblesse sénatoriale — proposition de loi de Q. Servilius Cœpion (648 U. C. — 105 av. J.-C.) — Loi Livia (663 U. C. — 91 av. J.-C.) — furent attribuées par Sylla — Loi Cornelia judiciaria (672. — 82 av. J.-C.) — aux sénateurs, suivant l'idée de Drusus, c'est-à-dire moyennant l'admission de trois cents chevaliers au Sénat et enfin définitivement partagées entre les deux ordres, en vertu d'une loi de César (708. — 46 av. J.-C).

devait nécessairement souffrir de cette opposition d'intérêts. Le Sénat ne pouvait point favoriser l'extension de tribunaux contraires à son influence politique et, d'autre part, la plèbe n'avait ni assez de sympathie, ni assez de confiance envers l'ordre équestre, son allié d'occasion, pour se dépouiller à son profit.

De Caius Gracchus à Sylla, au cours d'une période d'environ quarante ans, on ne rencontre que deux *quœstiones perpetuœ* établies peu de temps après la chute du second Gracque, sous le tribunat de Marius (635 U. C. — 119 av. J.-C.), la *quœstio de ambitu* (loi Maria) et la *quœstio de peculatu,* relatives l'une aux abus alors très nombreux en matière d'élections, l'autre aux malversations commises par les fonctionnaires publics.

Mais la révolution aristocratique de Sylla fit de la juridiction, jusque-là exceptionnelle des tribunaux permanents, la juridiction criminelle normale. Les sénateurs rentrèrent en possession des fonctions de juré et le système de *quœstiones perpetuœ* fut appliqué d'une manière générale, même en politique, car Sylla voyait surtout dans cette réforme le moyen d'affermir le pouvoir entre les mains de la noblesse. Les anciennes commissions permanentes furent réorganisées et d'autres *quœstiones* créées par les « leges Corneliæ de peculatu, de repetundis, de sicariis et veneficis [1], de falsis ou testamentaria [2], de injuriis et de majestate », terme

---

1. § 5, I. de pub. jud. L. iv, T. 18. — F. 1, pr.; §§ 1 et 2, D. ad. leg. Cornel. de sic., xlviii, 8.

2. § 7, I. de pub. jud. L. iv, T. 18. — Fr. 1, pr. D. de leg. Cornel. de falsis, xlviii, 10.

vague, dont l'élasticité pouvait fournir au besoin une arme redoutable dans les luttes politiques (673 U. C. — 81 av. J.-C.). De nouvelles lois, parmi lesquelles nous citerons la loi *Licinia de sodaliciis* [1], vinrent élargir et compléter cette organisation avant la· fin de la République.

La généralisation des *quæstiones perpetuæ* n'enleva point cependant toute raison d'être à la juridiction de l'assemblée du peuple,

D'un côté, cette juridiction demeura l'unique juge des crimes, fort rares, il est vrai, échappés à la compétence des commissions permanentes, par exemple, du crime *de perduellio*, d'ailleurs aisément réductible en un *crimen majestatis*. C'est de ce chef *de perduellio*, basé sur l'exécution inqualifiable du citoyen romain Gavius, que Cicéron, dans son discours contre Verrès, menace de saisir l'assemblée· du peuple si le jury *de repetundis* acquitte trop complaisamment le magistrat concussionnaire.

D'après certains auteurs, notamment Mommsen [2] et M. Maynz [3], argumentant de l'origine civile des *quæstiones perpetuæ*, l'assemblée du peuple seule pouvait rendre une sentence capitale. Nous n'adopterons pas cette solution, car, malgré l'influence exercée par la procédure civile sur la constitution de la première commission permanente, les *quæstiones perpetuæ* se rattachent intimement aux commissions extraordinaires

1. Cic. Pro Planc., 15, ad fam., VIII, 2.
2. Hist. rom. T. V, p. 57.
3. Esquisse du Dr. crim., p. 63, note 2, et p. 57.

dont elles sont, en quelque sorte, l'agrandissement, et fondées sur le même principe de délégation, doivent avoir eu, comme elles, le droit de prononcer *de capite*.

De cette délégation, tacitement continuée, découlait, d'autre part, la faculté pour le peuple d'évoquer, par une décision spéciale, une cause du ressort des tribunaux permanents (Meurtre de Clodius).

Dans les deux cas, l'assemblée du peuple, au lieu de juger elle-même, ce qu'elle avait fait quelquefois encore depuis Gracchus, nommait des commissions spéciales. Nous citerons, parmi les plus célèbres, la *quæstio* instituée contre Milon en vertu d'une loi de Pompée (702. — 52 av. J.-C.) et la *questio* chargée par la loi *Pædia* du procès des meurtriers de César (710. — 44 av. J.-C.).

On ne relève qu'une seule affaire jugée directement par le peuple : le procès de Rabirius [1], au fond une pure manœuvre politique. César et les démocrates voulaient porter un coup décisif au Sénat déjà vaincu, en rappelant l'attention du peuple sur le senatus consulte qui, au mépris de l'inviolabilité tribunitienne avait, trente-huit ans auparavant, mis à prix la tête du tribun Saturninus. Pour plus de sûreté, au lieu de déférer le meurtrier présumé de Saturninus, le vieillard Caius Rabirius, à la commission permanente de majesté, le tribun Titus Labiénus, à l'instigation de César, ressuscitant, dans l'intérêt d'un parti, un rouage judiciaire abandonné depuis les premiers temps de la République, le cita, sous l'inculpation de *perduellio*, devant deux duumvirs nommés par un préteur, Caius César, parent

---

1. Momms., Hist. rom. T. v, p. 320.

de Jules César, et Jules César lui-même. Les duumvirs
l'ayant condamné, Rabirius, défendu par Hortensius
et Cicéron, les deux plus illustres avocats de l'époque,
fit appel au peuple qui, vu le caractère spécial donné à
la cause par la création de duumvirs et surtout sous
l'influence des meneurs, désireux d'entretenir la plus
grande agitation possible autour de cette affaire, voulut statuer lui-même et fut empêché de rendre sa sentence par un expédient suranné, bien digne de termi-
ner cette comédie politique, l'enlèvement du vexillum
hissé sur le Janicule (691 — 63 av. J.-C.).

Peu d'années après (708 U. C. — 46 av. J.-Ch.), le
principe jusqu'alors intact de la souveraineté du peuple
en matière criminelle reçut une grave atteinte, par
suite de l'établissement de la juridiction concurrente
de l'*imperator* et du droit d'appel à cette magistrature
suprême, déduit de l'intercession tribunitienne, contre
tous les jugements populaires non soustraits, en vertu
d'une loi spéciale, au *veto* des tribuns [1].

La juridiction criminelle de l'assemblée du peuple
cessa légalement d'exister, dès les premiers jours de
l'empire, laissant derrière elle, comme un vestige,
l'institution des *quæstiones perpetuæ*, que devait
bientôt étouffer la nouvelle organisation judiciaire du
régime impérial.

Cette juridiction n'avait que trop longtemps duré;
non que le point de départ ne fût excellent, puisque
les progrès de la civilisation ramènent aujourd'hui les
législations pénales vers cette liberté de la défense,

1. Momms., Hist. rom. T. VIII, p. 89.

établie à Rome si largement, trop largement même, car la présomption d'innocence, dont il importe de couvrir l'accusé jusqu'à la sentence des juges, ne doit point faire oublier l'intérêt de la société, directement engagé dans la solution des procès criminels,

Mais la mise en pratique était des plus défectueuses. Le tribunal populaire convient uniquement à l'esprit de cohésion, à la simplicité de mœurs d'un peuple naissant. Dès que les querelles politiques sont venues désunir les citoyens, que les rapports sociaux se compliquent par la multiplication des intérêts en lutte et que l'art oratoire se développe, égarant, de ses détours, la recherche de la vérité, la juridiction du peuple doit céder la place à un juge plus indépendant, plus clair-voyant, moins impressionnable, plus tenu au respect des lois.

Rome en fit l'expérience.

L'administration de la justice criminelle par le peuple eut les plus fâcheux résultats au double point de vue politique et juridique.

Au point de vue politique, elle rendit illusoires toutes les garanties accordées aux citoyens. Que signifiait, par exemple, la disposition de la loi des Douze Tables, prohibant les lois d'exception contre un particulier, avec un tribunal, dont la sentence était une loi et qui, sur la motion d'un magistrat ou d'un tribun, pouvait qualifier crime n'importe quel acte et le punir suivant son caprice[1]?

---

1. A. Duméril, Aperç. sur les révolut. du Dr. crim. à R. Rev. génér., 1883, p. 315.

Au point de vue juridique, elle enraya jusqu'à l'organisation du système des *quæstiones perpetuæ,* c'est-à-dire jusqu'au dernier siècle de la République, le développement du Droit pénal, tandis que le Droit civil progressait sous l'influence de magistrats annuels.

La juridiction sans appel des magistrats eût été préférable, malgré ses dangers. Les tribuns eux-mêmes n'eussent point osé rendre, sous leur propre responsabilité, les sentences iniques, qu'ils obtenaient du tribunal impersonnel du peuple.

DROIT FRANÇAIS

DU

RECLASSEMENT DES DÉLINQUANTS

DANS LA SOCIÉTÉ

LIBÉRATION CONDITIONNELLE ET PATRONAGE

(Loi du 14 Août 1885. — T. ı et ıı.)

> « Exigeons seulement que ces idées
> nouvelles, quelque étranges, quelque
> opposées aux notions reçues qu'elles
> puissent paraître, soient toujours basées
> sur les principes de raison et de justice
> qui, seuls, sont immuables. » (Bonneville
> de Marsangy, *Institutions complémen-
> taires du régime pénitentiaire*, Liv. ııı.)

INTRODUCTION

Le crime peut avoir, comme la maladie, une
cause héréditaire ou une cause accidentelle : le
besoin, la passion, le milieu. Un traitement opportun est de nature à le prévenir, le guérir ou l'en-

rayer. Au contraire, si les soins manquent, le mal s'aggrave, et, de rechute en rechute, devient incurable.

La société serait coupable et imprévoyante, si elle ne s'efforçait d'arrêter le mal à son origine par des moyens préventifs et curatifs ; coupable, car elle doit protection à ses membres ; imprévoyante, parce que le défaut de traitement produit à son préjudice, en même temps qu'une augmentation de danger, une déperdition de forces.

Le traitement préventif, fort complexe, consiste surtout dans l'intervention de l'Etat, pour soustraire à l'influence pernicieuse d'un mauvais milieu les enfants moralement abandonnés.

Le traitement curatif comporte deux moyens, selon le degré de perversité de l'agent, la menace plus ou moins effective : condamnation conditionnelle ou simple remontrance, qui laisse le délinquant dans la société, et la réforme morale, qui s'opère en prison par un bon système pénitentiaire.

Mais il ne suffit pas d'amender, il faut encore que, l'amendement obtenu, le délinquant puisse rentrer dans la société et y reprendre sa place. L'abandon du délinquant au sortir de la prison est un des principaux facteurs de la récidive. Le reclassement repose sur le patronage. Le patronage, à son tour, peut être aidé et fortifié par la mise en liberté avant terme, sous condition de bonne conduite ou libération conditionnelle, qui est aussi un puissant moyen d'amendement.

Ces deux institutions feront l'objet de ce travail, que nous diviserons, par conséquent, en deux parties :

Pemière partie : *Libération conditionnelle.*

Deuxième partie : *Patronage.*

PREMIÈRE PARTIE

Libération conditionnelle.

Nous établirons d'abord le principe, le caractère et les avantages de la libération conditionnelle, puis, après avoir exposé son développement, nous rechercherons, par l'étude de son organisation dans notre pays, les règles qui lui conviennent.

D'où trois chapitres :

Chapitre premier. — Notions générales.

Chapitre II. — Historique.

Chapitre III. — La libération conditionnelle dans la loi du 14 août 1885.

CHAPITRE PREMIER

Notions générales.

La libération conditionnelle n'est pas une institution d'expédient. Elle découle des principes du droit pénal [1].

En effet, une peine n'est juste qu'à la condition d'être à la fois afflictive, exemplaire et corrective. Il faut que sa rigueur et sa durée soient en rapport avec la gravité du délit et le degré de perversité de l'agent, afin qu'elle impressionne le coupable et la société ; que, d'autre part, elle permette de tenter la réforme morale. Dans ce but, la loi, envisageant abstractivement les diverses espèces de délit, établit une équivalence approximative, qu'elle laisse au juge le soin de mettre au point, en appréciant, pour chaque cas particulier, les circonstances, les conséquences, le trouble social causé, le plus ou moins de perversité de l'agent.

Mais cette appréciation n'est susceptible de s'effectuer que par à peu près. Il peut donc se faire que le triple but de la peine soit atteint avant le terme fixé par le juge, de même, il peut arriver que la durée de

1. Desportes et Lefébure, La science pénit. au Congr. de Stockh., p. 201.

la peine soit insuffisante, vu la perversité du délinquant.
Pour corriger cette imperfection, M. Bonneville de
Marsangy proposait, dès 1847, le double contre-poids
de la mise en liberté avant terme et de la prolongation
de la peine.

« De même que le médecin prudent cesse sa médication ou la continue selon que le malade est ou n'est
pas arrivé à parfaite guérison, de même, dans les deux
hypothèses que nous supposons, l'expiation devrait ou
cesser, comme l'observe avec tant de raison M. Lucas,
en présence de l'amendement complet du condamné,
ou être prolongé, comme le commande le but même de
la peine, jusqu'à son entière réforme [1] ».

L'exagération de cette idée, par une logique trop
rigoureuse, a conduit une école américaine, — dont
l'existence s'est manifestée au Congrès de Cincinnati
(1870), et qui essayait quelques années plus tard, au Congrès de Stockholm, de propager ses doctrines en Europe,
— à réduire le rôle du juge à la simple constatation du
délit, et à réserver à l'administration le soin de propor-
tionner la durée de la peine aux nécessités de la réforme
morale de chaque coupable, sous prétexte que la période
de traitement d'un malade ne peut se fixer d'avance [2].

1. Bonneville de Marsangy, Des Institutions complémentaires du
régime pénitentiaire. Liv. III, titre I, chap. I, p. 204.

2. Enquête parlementaire de 1872, sur Rég. établ. pénit. (Rapport Fernand Desportes sur Congrès Cincinnati). T. III, p. 440 et
suiv. Voir, au sujet de cette école et de sa théorie, Vidal : Princip.
fondam. de la pénal., p. 312.

M. Garofalo se montre partisan de ce système. V. Criminologie,
pp. 133 et 134, ainsi que la note 2 de cette dernière page.

Le Congrès de Stockholm a repoussé cette théorie de la prison-hôpital [1] ; d'ailleurs, totalement oublieuse du but exemplaire de la peine, mais surtout inacceptable, parce qu'elle substitue aux garanties des décisions judiciaires l'arbitraire de l'administration.

Dans le système de M. Bonneville de Marsangy, la prolongation de la peine ou détention supplémentaire [2] présente l'inconvénient capital de porter atteinte aux sentences définitives de la justice et par conséquent doit être rejetée.

Il n'en est pas de même de la mise en liberté avant terme. Le Droit pénal a, de tout temps, admis un moyen de restreindre la durée des peines jugées trop longues : la grâce.

Cependant, par suite de la difficulté d'acquérir dans la prison la certitude de l'amendement, si l'on s'expose, en retenant le détenu qui paraît avoir satisfait au triple but de la peine, à continuer inutilement une rigueur devenue injuste puisqu'elle n'a plus sa raison d'être, à immobiliser de bonnes intentions qui risquent de s'affaiblir; on s'expose, d'autre part, en lui remettant irrévocablement sa peine, à faire le jeu de l'hypocrisie et à rendre à la société un homme dangereux. Il faut donc que le détenu, présumé amendé, soit mis en liberté, mais il faut également que la société ne se dépouille pas de toute garantie contre lui.

---

1. Desportes et Lefébure, La science pénit. au Congr. de Stock., pp. 72-82.

2. Bonnev. de M., Inst. comp., p. 249 et suiv.

D'où la libération conditionnelle que nous définirons :

La mise en liberté anticipée du détenu — sous réserve de résolution pour cause de mauvaise conduite — dans le cas où la peine paraît avoir produit son plein effet avant le terme fixé [1].

Cette mise en liberté n'est-elle pas, au même titre que la détention supplémentaire, en opposition avec l'autorité de la chose jugée ? Nullement, car elle ne fait point cesser la peine. C'est une simple expérience, une épreuve comparable à l'autorisation d'aller travailler chez des particuliers accordée, dans certains pays, aux détenus de bonne conduite. L'organisation, qu'elle a reçue en Saxe [2], met bien en relief la nature de cette institution. Elle y affecte la forme d'un congé renouvelable (passeport de congé), rappelant ainsi le moyen jadis employé par notre autorité militaire pour renvoyer et maintenir

---

1. Définition donnée par M. Bonneville de Marsangy : Instit. complém., Liv. III, p. 202 : « Le droit, qui serait conféré par la loi à l'administration, sur l'avis préalable de l'autorité judiciaire, de mettre en liberté provisoire, après un temps suffisant d'expiation et moyennant certaines conditions, le condamné complètement amendé, sauf à le réintégrer dans la prison à la moindre plainte fondée. » Définition donnée par M. le sénateur Bérenger : La libération conditionnelle ou préparatoire est l'acte par lequel on accorde au condamné, qui mérite cette récompense par son application, son travail et sa bonne conduite, sa mise en liberté anticipée, à charge de continuer à se conduire honnêtement et sous la condition qu'il sera réintégré pour achever de subir sa peine s'il donne de nouveaux sujets de plainte (Sénat, 1882, sess. extraord., annexe n° 235, p. 251).

2. Bonneville de Marsangy, De l'amélioration de la loi criminelle, T. II, chap. VI, p. 153.

dans leurs foyers, avant la fin de leur service, les soldats complètement aguerris.

A l'égard du libéré conditionnel, comme à l'égard de ce permissionnaire, suivant la remarque de M. Bonneville[1], les liens sont relâchés, mais non rompus. Le libéré demeure sous la dépendance et à la disposition de l'administration, souveraine pour apprécier si les conditions imposées sont remplies, car le libéré n'est et ne peut être admis à discuter sur l'exécution de ces conditions, solution incompatible avec l'opinion de ceux qui voient dans la libération conditionnelle un contrat entre l'administration et le libéré [2]. Un pareil contrat, peu en harmonie avec la dignité de l'administration, serait d'ailleurs contraire à l'immutabilité des sentences de la justice en ce que, source d'un droit pour le libéré, il aboutirait à une sorte de transaction sur la peine.

La libération conditionnelle n'est, en somme, qu'un simple mode d'exécution [3].

Elle diffère donc essentiellement de la grâce, remise ou transformation de la peine, acte de pure clémence, qui, étant donnés son but et le caractère de l'autorité dont elle émane, ne peut être refusée par le condamné

---

1. T. I, chap. XXIV, p. 610 : « Elle n'est pas plus une grâce que le renvoi provisoire de recrues dans leur commune n'est une libération du service militaire. »

2. V. Gaz. des Tribun. (1885, 8-9 juin). Le projet de loi sur la libér. cond. du cond. Article de M. Henry Prudhomme, p. 547 (col. 1).

3. Bonneville de Marsangy, Amél. de la loi crim. T. II, p. 47. Pasinomie (1888). Loi belge du 31 mai 1888, p. 223, col. 1, et p. 225, col. 1 (exposé des motifs), et principal. 245, col. 1 (Débats).

et par conséquent ne comporte aucune réserve [1]. La
libération conditionnelle ne fait pas double emploi
avec la grâce. Ces deux institutions ont chacune leur
sphère d'application bien distincte. La grâce est un
correctif destiné à rétablir entre la répression et le
délit l'équilibre détruit soit par une imperfection de la
loi, soit par la sévérité excessive du juge. La libération
conditionnelle, au contraire, est un mode d'administration des prisons, qui sert de régulateur à la peine.
Extraordinairement, la grâce peut intervenir sur le
même terrain que la libération conditionnelle ; ou indépendamment de cette institution dans le cas d'amendement manifestement sincère, ou pour la compléter
dans le cas d'une bonne conduite soutenue, ou sous
forme de commutation pour la rendre accessible aux
condamnés à une peine perpétuelle. Mais elle ne peut
utilement remplacer la libération conditionnelle à
cause de sa nature exceptionnelle et surtout de son
caractère irrévocable.

Car c'est à sa précarité que la libération conditionnelle doit de constituer à la fois un excellent moyen
d'amendement et un excellent moyen de préparation
au reclassement.

Un excellent moyen d'amendement, en ce que d'une
application moins délicate que la grâce, puisqu'elle
permet de réparer une erreur, elle apparaît au détenu
non comme une faveur possible, mais comme une conséquence de la réalisation du triple but de la peine. Le
détenu tient, en quelque sorte, sa liberté entre ses

1. V. Discus. loi 31 mai 1888 Chambre belge. Pas. 1888, p. 244
et 245.

mains. C'est le seul moyen de l'intéresser à son relèvement moral et de le disposer aux bonnes influences[1].

Un excellent moyen de préparation au reclassement,
en ce qu'elle ménage la transition de la prison à la
liberté complète, passage dangereux quand il s'opère
brusquement, à cause de l'initiative nécessaire et de
la différence profonde qui sépare l'existence mécanique
et paisible de la prison des entraînements de la vie
libre. Tenu en éveil par la menace de la réintégration,
le libéré se sent porté à des efforts plus énergiques et
voit dans le patronage, non plus la restriction, mais
la sauvegarde de sa liberté[2].

Cependant, pour que la libération conditionnelle
puisse produire de bons résultats, il faut qu'elle soit
employée avec prudence. Légèrement appliquée, ou
transformée en un moyen d'administration des prisons,
comme paraît le craindre pour notre pays M. Guillot,
elle perdrait toute efficacité et deviendrait une prime
offerte à la simulation. Elle doit donc être motivée non
sur de vagues indices d'amendement, mais sur une
conviction profonde de la sincérité du repentir[3].

D'ailleurs, quelque manifeste que soit la sincérité de
l'amendement, il ne peut être question de la libération
conditionnelle tant que le but afflictif et exemplaire
de la peine n'est pas réalisé. Négliger l'expiation et
l'exemple serait méconnaître le principe même de la

1. Beltrani-Scalia. — Riforma penitent. in It., p. 337.

2. V. Pasinomie, 1888. Loi du 31 mai 1888 sur liber et cond.
condit , p. 225, col. 2. (Exposé des motifs.) p. 226, col. 1 (Rapport
Thonissen).

3. Guillot, les Prisons de Paris et les prisonniers, p. 460.

libération conditionnelle et, au point de vue pratique, énerver la répression. Voici un jeune homme, qui, dans un moment d'égarement passionnel, a tué une mère de famille. Il comparaît devant la cour d'assises sous l'accusation de meurtre. Le jury lui accorde les circonstances atténuantes et la cour, abaissant la peine de deux degrés, le condamne à cinq ans de réclusion. Certainement, ce malheureux se conduira bien dans la maison centrale. Il ne demande qu'à expier son crime. Devra-t-on cependant le remettre en liberté au bout de deux ans et demi? Non, car ce serait d'une part user d'une indulgence excessive à l'égard d'un homicide, et de l'autre donner une satisfaction dérisoire à la famille de la victime.

Aussi repousserons-nous, comme illogique, malgré la latitude laissée à l'administration dans l'appréciation du travail et de la conduite du détenu, le système de la législation anglaise, qui fait de la libération conditionnelle un droit résultant pour le condamné d'un certain temps d'exécution effective et de l'obtention d'un nombre déterminé de marques[1]. La libération conditionnelle doit être une faveur.

Enfin, il faut également, pour l'efficacité de la libération conditionnelle, que le droit de révocation ne prenne pas un caractère purement comminatoire, car, dans ce cas, la libération conditionnelle se changerait en une sorte de grâce occulte plus dangereuse que la grâce proprement dite, n'étant pas entourée des mêmes garanties.

---

1. V. Exposé des mot. propos. Bérenger, offic. 1883, ses. extraord. annexe 235, p. 254. Pasinomie, 1888, p. 256, col. 2.

CHAPITRE II

Historique.

Nous allons étudier maintenant, dans trois sections, les diverses phases de l'évolution de la libération conditionnelle.

Section première. — Naissance de l'idée.
Section II. — Développement de l'idée.
Section III. — Généralisation de l'idée.

SECTION PREMIÈRE

NAISSANCE DE L'IDÉE

On pourrait, au besoin, faire remonter l'origine de la libération conditionnelle au siècle dernier.

Nous voyons, en effet, à cette époque, en France, les ministres de l'intérieur tourner dans certaines occasions le droit de grâce réservé au roi, au moyen de brevets ou passeports de congé, révocables selon leur bon plaisir [1].

D'autre part, en Angleterre, les condamnés à plus de dix ans de travaux forcés étaient, à l'expiration de la moitié de leur peine, transportés aux colonies et mis en liberté provisoire (Licence or ticket of leave); mais cette libération équivalait à une mise en liberté définitive, car le gouvernement ne surveillait même pas les libérés [2].

C'est, à vrai dire, dans notre pays que la libération conditionnelle a pris naissance. La révision de 1832, atténuant, sous l'influence des idées de Guizot, de Broglie et de Rossi, l'excessive sévérité du Code pénal utilitaire de 1810, rendait inévitable un mouvement de réforme pénitentiaire, dont la circulaire ministérielle du 3 décembre, qui marque le commencement de l'évolution de la libération conditionnelle, fut le prélude.

Les expériences des différents systèmes d'emprisonnement, entreprises depuis quelques années en Amérique, en vue de la moralisation des condamnés adultes, passionnaient alors nos criminalistes et faisaient ressortir davantage l'organisation déplorable de nos prisons, où une promiscuité révoltante étouffait infailliblement tout reste d'honnêteté chez le détenu. M. Charles Lucas venait de publier son remarquable ouvrage sur « Le système pénitentiaire en Europe et aux Etats-Unis [3] », que devait bientôt suivre l'ouvrage non moins apprécié

1. Bonneville de Marsangy, Amélior. de la loi crim., T. II, p. 153, note 2.

2. Bonneville de M., Amel. loi crim., T. II, p. 57.

3. Paris, 1828.

de MM. de Beaumont et de Tocqueville sur « Le système pénitentiaire aux Etats-Unis et son application en
France [1] ».

Les jeunes détenus occupaient à cette époque des
quartiers spéciaux. Pour les soustraire aux dangers du
pernicieux voisinage des détenus adultes, M. d'Argout,
ministre du commerce, chargé momentanément du service des prisons, imagina le placement en apprentissage [2]. L'idée était ingénieuse. Cependant, par respect
pour les décisions de la justice, M. d'Argout crut devoir
en limiter l'application aux jeunes détenus, en vertu de
l'article 66 du Code pénal [3]. Ceux-ci, n'étant point condamnés, mais seulement retenus à cause de l'immoralité
notoire de leurs parents, le ministre ne sortait point de
ses attributions, en les confiant à des patrons recom-
mandables ; il se conformait au contraire à l'esprit de
la loi.

« Les enfants, disait la circulaire du 3 décembre 1832, seront dispersés, de manière que les mauvais
penchants des uns ne se transmettent pas aux autres ;
l'éducation de la famille sera meilleure, sous tous les
rapports, que celle de la maison de correction ; l'aptitude au travail s'acquerra plus sûrement sous la direction d'un maître intéressé au progrès de l'apprenti ;
enfin les élèves dont la conduite aura été satisfai-

1. Paris, 1833.

2. Guillot, les Prisons de Par. et les pris., p. 319.

3. Enquête parlem. de 1872, T. VIII, p. 120 (Rapport Félix Voisins
sur Jeunes détenus).

sante, trouveront dans leurs parents adoptifs des guides et des appuis » [1].

Cette circulaire donnait mandat aux préfets de passer des contrats d'apprentissage avec des artisans et des agriculteurs, sous réserve de résolution dans le cas de mauvaise conduite de l'enfant, soit sur la plainte du maître, soit à la première réquisition du parquet [2].

En 1836, s'achevait le pénitencier de la Petite-Roquette, commencé en 1825, d'après le système d'Auburn. Cette prison, tout d'abord destinée à recevoir des femmes, fut au dernier moment affectée aux jeunes détenus du quartier des Madelonnettes [3]. M. Benjamin Delessert, préfet de police, sentant combien la perspective d'une libération anticipée pouvait avoir d'influence sur leur amendement, s'efforça de généraliser le système de la mise en apprentissage. Quelque temps auparavant (1832), sur l'initiative généreuse de MM. Charles Lucas et Bérenger père, deux noms glorieux dans l'histoire de la bienfaisance pénitentiaire, s'était fondée à Paris une société privée, ayant pour but le patronage des jeunes détenus de la Seine, qui trouva sa place à côté d'un conseil de surveillance, composé d'hommes d'une haute situation, dont elle vint compléter l'œuvre. Cette société reçut le droit de demander la mise en liberté, avant l'expiration de la peine, des jeunes

1. Rec. circ. et instr. éman. min. de l'int. et min. du comm., § 1, p. 408.

2. « Il sera entendu toutefois, disait à ce sujet la circulaire, que la faculté réservée au ministère public de faire réintégrer les enfants dans les prisons restera limitée à la période déterminée pour l'emprisonnement » (Recueil, p. 410).

3. Guillot, Prisons de Par. et pris., p. 322.

détenus de bonne conduite, à la condition de les placer et de veiller sur leur apprentissage.

Pendant ce temps, rien n'était changé, en province, aux placements prescrits par M. d'Argout. En 1840, dans une circulaire adressée aux préfets, à la date du 7 décembre, M. Duchâtel, alors ministre de l'intérieur, les règlementa de nouveau, mais sans les modifier au fond [1].

A la Petite-Roquette, où M. Delessert avait peu à peu substitué le régime cellulaire au système aubumien du travail en commun pendant le jour, les résultats obtenus répondaient aux efforts de l'administration. La récidive s'abaissait rapidement de 77 à 7 %. Mais bientôt la Petite-Roquette devint l'objet de critiques. La mortalité y était grande : on l'attribuait au système cellulaire. D'autre part, le zèle de l'administration qui n'était plus soutenu par M. Delessert, se refroidissait. En 1848, sur le rapport de M. le docteur Fenus, inspecteur général du service des aliénés, une partie des jeunes détenues de la Petite-Roquette fut envoyée dans la colonie agricole du Petit-Bourg [2]. Cette idée de l'éducation agricole gagna du terrain l'année suivante et aboutit à la loi du 5 août 1850, qui la consacra, étendant en même temps la mise en

1. V. sur la circulaire du 7 décembre 1840 : Enquête parlem. T. viii, p. 121 (Rapport Félix Voisin); Bonneville de M., Instit. complém. du rég. pénit., pp. 233 et 224.

2. Voir sur la Petite Roquette et les réformes de M. Delessert ; Bérenger, De la répression pénale, p. 279 et suiv. — Enquête parlementaire de 1872, T. iii, p. 367 et suiv. (Rapport Bérenger, sénateur, sur Prisons de la Seine).

apprentissage devenue libération provisoire à tous les jeunes détenus avec une sorte de patronage officiel et obligatoire par l'intermédiaire de l'assistance publique pendant trois années au moins, à compter de la libération.

Ces expériences de mise en liberté sous condition avant l'expiration de la peine et leurs résultats ne devaient point échapper à certains esprits soucieux de la solution du problème pénitentiaire. Déjà, M. Charles Lucas avait écrit :

« Le but principal de la peine étant la réforme du coupable, il serait à désirer qu'on pût élargir tout condamné, lorsque sa régénération morale est suffisamment garantie. »

M. Bonneville de Marsangy, partant de ce principe, émit en 1840 l'idée d'étendre la mise en liberté conditionnelle aux détenus adultes et formula son système sous le nom de libération préparatoire, dans un remarquable ouvrage sur « Les institutions complémentaires du régime pénitentiaire ».

Cet ouvrage, placé en 1847, à la demande de M. Bérenger père, au nombre des documents officiels relatifs au projet de réorganisation des prisons suivant le système cellulaire (voté en 1843, sur la proposition du gouvernement, par la Chambre des députés, et alors pendant devant la Chambre des Pairs), aurait peut-être déterminé l'introduction de la libération conditionnelle dans notre législation pénale, si la révolution de 1848 n'avait empêché la réforme d'aboutir [1].

1. Voir Bérenger : Répression pénale, T. II, p. 247 et suiv.

1851 et 1854 virent un commencement d'application de la théorie de M. Bonneville à l'égard des condamnés aux travaux forcés soumis à la transportation. A la suite d'un mouvement d'opinion contre les bagnes, né, d'une part, de la crainte inspirée par ces centres de forçats établis en France, lieux de corruption d'où sortaient sans cesse, libérés ou évadés, des hommes dangereux; d'autre part, d'un engouement pour la transportation, que l'on disait faire merveille en Angleterre, le gouvernement rendit un décret, décidant et règlementant l'envoi des condamnés aux travaux forcés dans notre colonie de la Guyane. Comme il importait d'empêcher les forçats de rentrer en France à l'expiration de leur peine et, qu'à l'exemple de l'Angleterre, on voulait les utiliser au profit de la colonie, le décret du 20 mars 1852, dont la loi du 30 mai 1854 n'est, en quelque sorte, que la consécration, tout en imposant aux libérés une résidence perpétuelle ou temporaire, selon la durée de la peine, organisa pour les encourager au travail et à la bonne conduite, un système de placements et de concessions, qui comportait, dans certains cas, une libération anticipée.

SECTION II

DÉVELOPPEMENT DE L'IDÉE

Par une singulière coïncidence, au moment même
où la transportation entrait dans notre système pénal,
l'Angleterre songeait à l'abandonner, ses colons de
l'Australie orientale, son principal débouché pénitentiaire depuis 1788, refusant de recevoir plus longtemps le rebut de la Métropole. L'Australie occidentale ne faisait pas encore d'opposition, mais il fallait
prévoir qu'elle ne se montrerait pas toujours aussi
docile. L'impossibilité de la transportation apparaissait
par conséquent comme un événement prochain.

Déjà, du reste, l'insuffisance des colonies demeurées
ouvertes, retenait une partie des convicts dans les
prisons de l'Angleterre, qui commençaient à s'encom-
brer. Dès 1847, le ministre des colonies, lord Grey,
avait proposé de substituer à la transportation une
nouvelle peine, la servitude pénale, avec libération
anticipée et définitive dans le cas de bonne conduite,
sous la condition d'émigrer [1]. Cette idée, tout d'abord
objet de vives critiques, devint la base du bill du

---

1. Bérenger, Répress. pén. T. I, p. 31 et suiv. ; Bonneville, Amél.
de la loi crim. T. II, p. 58 et suiv.

20 août 1853[1], qui établit la servitude pénale en organisant pour les condamnés de cette catégorie l'autorisation avant l'expiration de la peine d'aller travailler
dans les colonies ou même dans le royaume en état de
liberté provisoire, révocable pour cause de mauvaise
conduite. Mais on se préoccupa fort peu de l'amendement dans l'application de ce bill. En outre, la conduite
des libérés ne fut soumise à aucun contrôle, par un
respect excessif de la liberté individuelle. Le ticket de
libération, loin d'être utile au libéré, se changeait, au
contraire, en une preuve gênante d'un passé judiciaire,
dont il importait de se débarrasser au plus vite, dans
un pays où n'existait encore aucun moyen sérieux de
constatation de la récidive. Le résultat fut naturellement une augmentation sensible de la criminalité. De
vives protestations s'élevèrent de toutes parts; une
campagne fut organisée contre le système des tickets
of leave, et, en 1857, le Parlement ordonnait une
enquête. Il fut démontré que l'augmentation constatée
de la criminalité était due, non pas à la libération
conditionnelle elle-même, mais à l'application irration-
nelle qui en était faite[2]. C'est alors que se forma la
première société pour le patronage des convicts, la
« Discharged prisoners aid society » de Londres,
aujourd'hui célèbre par son développement et les services qu'elle a rendus. Des essais de système cellulaire
furent tentés. Mais la réforme ne devait aboutir complète qu'en 1864, époque à laquelle l'Angleterre dut

1. Bonneville, Op. cit. T. I, p. 66.
2. Bonneville, Amél. loi crim. T. II, chap. IV, p. 80.

renoncer à la transportation. A la suite d'une seconde
enquête, le minimum de la servitude pénale fut élevé
à cinq ans et la surveillance de la police établie à
l'égard des porteurs de tickets *of leave* (bill du
18 avril 1864)[1], conformément au système appliqué
depuis quelque temps en Irlande.

En effet, pendant que le système des tickets *of
leave* alarmait l'Angleterre, en Irlande il produisait
les meilleurs résultats, grâce à la méthode ingénieuse
d'un directeur général des prisons, le capitaine sir
Walter Crofton, appelé à la tête des établissements
pénitentiaires d'Irlande, en 1854, au moment où l'Australie occidentale, acceptant encore les convicts anglais,
refusait énergiquement les convicts irlandais comme
plus dangereux[2]. La libération conditionnelle venait
d'être votée par le Parlement; sir Crofton chercha le
moyen de tirer tout le profit possible de cette utile
institution. Guidé par cette idée, qu'une peine doit être
à la fois répressive et corrective, mais qu'il ne peut y
avoir d'amendement durable si la société ne se rouvre
pour le délinquant corrigé, il conçut un plan d'emprisonnement progressif, basé sur la constatation scrupuleuse du travail et de la bonne conduite, de nature à
mener le détenu par une pente insensible des rigueurs
de l'expiation à la liberté provisoire et de la liberté
provisoire au reclassement. Quand, après deux années
d'expériences, il parut opportun d'accorder la libéra-

---

1. Bonneville, Amél. de la loi crim. T. II, p. 662 (Appendice).

2. Enq. parlem. de 1872. T. III, p. 16 (Déposition de sir Walter
Crofton); Bonneville, Amél. loi crim. T. II, p. 127.

tion conditionnelle, soixante-dix convicts sur cent la
méritaient. Le problème était résolu, voici comment.

Au début, le condamné est mis en cellule dans la
prison de Montjoy, près Dublin. Cette première période,
qui dure d'ordinaire de huit à neuf mois, se divise en
deux fractions. Tout d'abord le détenu, réduit à une
stricte nourriture, n'ayant d'autre occupation que l'effi-
lage des câbles, est abandonné à lui-même. C'est surtout
le temps de l'expiation, mais c'est aussi le temps de
l'éclosion à l'amendement. Le condamné réfléchit dans
cette solitude, son âme commence à s'ouvrir sous la
pesée des bons sentiments qui se réveillent, ou, s'il
demeure endurci, son intérêt parle assez haut pour le
décider à quelques efforts. Ce résultat obtenu, on lui
permet de choisir un des métiers enseignés dans la
prison.

La nourriture est plus abondante. Ses rapports avec
le personnel deviennent plus suivis. Il reçoit des visites
régulières des gardiens contre-maîtres (trade's war-
ders), qui viennent diriger son travail, des gardiens
ordinaires, de l'aumônier et du directeur. L'instituteur commence à le dégrossir. On lui explique le fonctionnement du système irlandais, en s'attachant surtout
à lui faire comprendre qu'il lui suffit de vouloir pour
redevenir libre.

Au bout de quatre ou cinq mois, le détenu qui se
conduit bien est envoyé à l'île de Spike ou au pénitencier de Philipstown, selon qu'il est agriculteur ou
artisan, période de travail en commun pendant le jour.
Les convicts sont distribués dans trois classes. A son
arrivée, le détenu est versé dans la troisième. Dès lors,
sa conduite, son travail et son application à l'école

seront tous les jours consignés dans un registre spécial. Chaque convict a son feuillet et comme son compte-courant par « doit et avoir. » A la fin du mois, l'administration balance bons et mauvais points et les détenus méritants reçoivent, à titre de récompense, un certain nombre de marques, jusqu'à concurrence de neuf, maximum qui se répartit également entre chaque branche de cette comptabilité morale.

Dix-huit marques, en d'autres termes, deux mois au moins d'efforts soutenus, ouvrent au convict la seconde classe. Puis, avec trente-six nouvelles marques, il passe dans la première et, après en avoir obtenu encore cinquante-quatre, dans une autre classe spéciale dite « classe avancée » ou classe *A*. Il faut, par conséquent, un an au minimum pour parvenir de la troisième classe dans cette dernière. Au pénitencier d'Haulbowline, prison de la classe avancée, les détenus reçoivent une part de salaire plus considérable et vont à l'école tous les soirs [1].

Cette période, période d'amendement surtout, est la partie capitale du système de sir Crofton. C'est le crible qui sépare les mauvais de ceux dont la moralité n'est pas encore éteinte. L'administration aide de toutes ses forces le détenu à sortir de l'ornière du vice.

---

1. La proportion du nombre de marques, successivement nécessaire, mérite d'attirer l'attention, parce qu'elle met en relief la somme d'efforts à fournir par le détenu. Elle double d'une classe à l'autre ; tandis que, pour passer de la troisième à la seconde, il suffit de dix-huit marques, il en faut cinquante-quatre pour entrer dans la dernière, ce qui représente autant d'efforts pour cette seule classe que pour les deux précédentes réunies.

Chaque bonne note est un pas de plus vers le bien en même temps que vers la liberté; mais tout recul a son contre-coup et, par la perte d'un certain nombre de marques, retarde d'autant dans la voie de la libération.

La troisième période prépare le reclassement du convict. Elle a surtout pour but de vaincre la méfiance bien légitime des honnêtes gens, afin qu'une fois libre, le détenu puisse se procurer du travail et subvenir honorablement à ses besoins.

A cette époque, le patronage n'existait pas en Irlande. Pour le suppléer, sir Crofton imagina la combinaison plus efficace des maisons intermédiaires. Ces établissements, plutôt comparables à la caserne qu'à la prison, sont au nombre de deux : Lusk-Commonn pour les agriculteurs et Smiethfield pour les artisans. Les gardiens y travaillent en camarades à côté des détenus, traités avec une grande douceur. C'est dans cette demi-prison que les Anglais nomment « purgatory of prisonners », vrai purgatoire en effet, où s'achève la régénération des prisonniers, que le convict attend la libération conditionnelle, récompense suprême de la bonne conduite, après l'expiration de la moitié de la peine.

Avant d'être élargi, le libéré reçoit un avertissement imprimé lui rappelant la précarité de sa licence. Il est soumis à l'obligation de se représenter tous les mois au poste des constables du district, et ne peut changer de résidence sans prévenir la police [1].

Dans cette dernière période, le système irlandais

---

1. Arrêté du Lord-Lieutenant d'Irlande, 1er janvier 1857, — bill de 1867 et acte du 21 août 1871.

comporte une variante pour les femmes. Plus exposées que les hommes au sortir de la prison, au lieu d'être mises en liberté provisoire, elles sont envoyées dans des refuges privés, comme celui des religieuses de Golden-Bridge pour les catholiques et celui de Heytesbury-Street pour les protestantes [1].

Un système aussi logiquement combiné devait, semble-t-il, être à l'abri de toute critique. Il a cependant des adversaires. On lui a reproché de faire perdre au détenu, par la vie en commun dès la seconde période, le bénéfice de l'épreuve cellulaire, dont le plus grand avantage est la préservation du contact des autres condamnés, tant au point de vue de l'influence morale que sous le rapport des relations après l'élargissement. A ce grief, on peut répondre que le système de l'isolement absolu, praticable seulement en matière de courtes peines, rend très difficile à reconnaître la sincérité de l'amendement.

La dissimulation est plus aisée dans la cellule, où le détenu ne doit tenir tête qu'à ses gardiens et aux fonctionnaires de la prison ; mais dans la communauté, avec les autres détenus, dans le commerce continuel des camarades, il est bien rare que le naturel ne se fasse jour tôt ou tard et que l'hypocrisie ne finisse par se trahir. Du reste, avec le système de sir Crofton, la fréquentation ne s'établit guère qu'entre prisonniers ayant une certaine valeur morale. En effet, il faut d'abord faire preuve de dispositions sérieuses à l'amen-

---

1. Sur le système irlandais, voir Enq. parl. de 1872. T. III, p. 15 et suiv. (Déposit. de sir Crofton), p. 27 et suiv. ; Bonneville, Amél. loi crim. T. II, chap. V, p. 126.

dement pour être admis dans la seconde période, car
il existe une classe spéciale, dite dangereuse, qui reçoit
les incorrigibles après un certain temps de cellule. De
plus, si, au cours de la seconde période, le détenu ne
justifie pas les espérances fondées sur lui, il est immédiatement séparé de ses camarades, tandis que les bons
progressent et atteignent vite la classe des amendés,
où le contact des détenus entre eux n'est plus à craindre. Enfin, leur amendement, leur placement facile les
mettent, une fois libres, à l'abri du chantage et de l'influence pernicieuse des mauvais libérés. Il suffit de
jeter un coup d'œil sur les statistiques officielles pour se
rendre compte des bons résultats du système. Ses adversaires repoussent ce témoignage, en faisant valoir,
outre la difficulté de constater la récidive dans un pays
où le casier judiciaire n'existe pas, l'émigration de bon
nombre de libérés conditionnels, que l'administration
perd complètement de vue et dont bénéficient les
prisons d'Amérique, si l'on en juge par le chiffre
assez considérable de leurs détenus irlandais. Sans
doute, l'absence de casiers judiciaires infirme quelque
peu les statistiques. Les photographies, sans indications anthropométriques, sont un moyen bien insuffisant pour la constatation de la récidive. Mais il
faut remarquer que le libéré conditionnel, au sortir des
prisons d'Irlande, n'est pas livré à lui-même. La police
le surveille. On peut, par conséquent, le suivre tant
que dure cette période. Et il nous paraît difficile qu'une
fois sa peine terminée, le libéré définitif, qui a dû vivre
honnêtement pendant toute la durée de la libération
conditionnelle, vienne à sombrer après avoir franchi le
dernier écueil. Les rechutes sont rares. Quant aux

libérés émigrés, rien ne prouve qu'ils composent la majeure partie de la population irlandaise des prisons du Nouveau-Monde.

Beaucoup d'Irlandais, chassés de leur pays par la misère, vont en Amérique chercher fortune, ou, du moins, un sort plus supportable, et sont tout aussi exposés à commettre des délits, faute de ressources, que leurs compatriotes libérés.

Mais c'est surtout en Angleterre que les résultats du système de la libération conditionnelle ont donné lieu à controverse. Le colonel Montagu-Hicks déclarait, devant notre commission d'enquête parlementaire de 1872, qu'il ne croyait pas à l'efficacité du ticket « of leave » en Angleterre[1] et, d'autre part, au moment où la surintendance des prisons de la Grande-Bretagne constatait un succès complet, M. Jules Simon, au cours d'une conférence sur le patronage, le 30 mai 1880, racontait une récente visite au quartier de Fleet-Street à Londres[2], de nature à laisser peu d'illusions sur les bons effets de la libération conditionnelle dans cette ville, visite dont M. Camescasse devait se servir plus tard contre cette institution, lors de la discussion à la Chambre de la loi du 14 août 1885[3].

Un foyer de misère et de mauvaises passions comme Londres, peut avoir une funeste influence sur les libérés conditionnels, surtout si, par suite d'une édu-

1. Enquête parl. 1872. T. I, p. 281. V. p. 85 (sens contraire : Major du Can.).

2. Bulletin de la Soc, génér. des pris. 1880, p. 649.

3. Offic. 1885, ses. ord. Chambre, p. 828.

cation défectueuse ou de l'hérédité, ils portent en eux le germe du crime. Toutefois, en admettant démontrée l'opinion du colonel Hicks et de M. Jules Simon, il faut peut-être attribuer les mauvais résultats obtenus d'abord à ce que l'administration anglaise ne s'inspire pas toujours uniquement, paraît-il, de l'amendement des prisonniers dans la distribution des tickets de licence et cède parfois à des considérations d'économie ou au désir de débarrasser de leur trop plein les prisons encombrées ; en second lieu, à une préparation insuffisante du détenu à la liberté.

Nous voici donc naturellement amenés à l'examen de la question des rapports de la libération conditionnelle avec les différents systèmes pénitentiaires. Cette institution est-elle ou non indépendante de tel ou tel régime?

D'après un premier système soutenu au congrès de Stockholm, en 1878, par MM. Berden, directeur de la sûreté publique en Belgique, et Plos van Amstel, membre de l'administration de la prison cellulaire d'Amsterdam, le système irlandais conviendrait seul à la libération conditionnelle.

Toute autre fut l'opinion de M. Tauffer, directeur de la prison de Lepoglava en Autriche, de M. Petersen, de Munich, de M. Tallack, un des représentants de l'Angleterre, et de notre compatriote M. Desportes. La libération conditionnelle est pour eux indépendante de tout système pénitentiaire. L'expérience le prouve. Dans la prison de Lepoglava, prison commune jusqu'à la fin de l'année 1877, la libération conditionnelle, appliquée dès le commencement de 1876, a donné d'excellents résultats.

Quant à nous, nous adopterons la solution intermédiaire proposée au congrès de Stockholm par M. le docteur Guillaume, représentant de la Suisse, et par M. Bonneville de Marsangy. Il est trop absolu de soutenir que la libération conditionnelle ne peut se comprendre sans le système irlandais. Elle est certainement applicable indépendamment de tout régime; elle peut produire de bons effets avec tous, sous la condition d'une bonne organisation et d'un emploi raisonné; mais à organisation égale, elle nous paraît devoir donner de meilleurs et plus faciles résultats avec le système gradué de sir Walter Crofton [1].

Presque tous les Etats pratiquent la libération conditionnelle avec des systèmes pénitentiaires différents.

SECTION III

GÉNÉRALISATION DE L'IDÉE

Deux paragraphes :

§ 1er. — La libération conditionnelle à l'étranger;

§ 2. — La libération conditionnelle en France.

1. Desportes et Lefébure, La science pénit. au Cong. de Stock., pp. 201-209.

§ 1er. — *La libération conditionnelle à l'étranger.*

La Saxe[1] et le grand duché d'Oldembourg[2] l'ont appliquée en 1862.

En 1865, elle était inaugurée en Suisse par le canton de Soleure qui, de 1865 à 1872, prononça quatre révocations seulement. Dans ce canton, l'amendement se constate par un système de marques et de catégories. Mais ces catégories n'existent que sur le papier, le régime de la prison demeure le même pour tous. Les détenus ne sont point séparés suivant leur degré d'amendement, comme dans le système irlandais[5].

Du canton de Soleure, la libération conditionnelle passait dans la législation des cantons d'Argovie[4] et de Zug[5] en 1868, dans celle du Tessin[6] et de Schwyz[7] en 1870. La Serbie[8] l'avait adoptée en 1869.

1. Ordonnances du 5 août 1862 ; V. Bonneville, Amél. loi crim. T. II, p. 152 et suiv. et 658.

2. Offic., Sess. extraord. 1882, annexe 235, p. 254 (Exposé des mot.) ; Pasinomie, p. 224.

3. Enq. parl. de 1872. T. II, pp. 382 et 385.

4. Off., Sén., ann. 235, s. ext. 1882, p. 254 ; Pas., p. 224.

5. Enq. parlem. T. II, p. 182.

6. Code pénal de 1870 ; V. Beltrani Scalia; Rif. penit. in It., p. 360.

7. Pas., p. 224.

8. Pas., p. 224.

L'Allemagne l'inscrivit dans les articles 23, 24, 25 de son Code pénal de 1871, sans avoir achevé, au préalable, le remaniement de ses prisons. Le mouvement de réforme pénitentiaire avait commencé en 1862. Depuis, le système cellulaire avait été introduit dans certains établissements, dans la prison de Bruksal, par exemple, et dans le grand-duché de Bade, où la cellule pouvait être appliquée pendant dix ans. Dans d'autres parties de l'Allemagne, on avait eu recours au système irlandais comme à Munich, où il fut mis en vigueur par M. Obermaïer. Le Code pénal de 1871 a consacré le système cellulaire [1].

En même temps que l'Allemagne, les cantons de Lucerne [2] et de Zurich [3] organisaient la libération conditionnelle, ce dernier avec un système d'emprisonnement comportant deux périodes, une période cellulaire et une période de travail en commun pendant le jour. Par mesure d'économie, les deux périodes se subissent dans le même établissement. Ce système, actuellement le plus répandu en Suisse, est pratiqué notamment dans les cantons de Saint-Gall, Bâle, Lenzbourg, Neuchâtel et le Tessin [4].

Une loi du 13 février 1873 a introduit la libération

1. V. Enq. parl. T. I, p. 93 et suiv.; T. II, pp. 98 et 99 ; Beltr. Scal., Rif. penitenz ; Prins, La loi sur la Liber. cond. et les cond. condit., p. 33.

2. Pas., p. 224.

3. Code pénal de 1871, Beltr. Scal., Rif. penit., p. 361 ; Enq. parl. T. II, p. 181.

4. Enq. parl. T. II, p. 380 et suiv.

conditionnelle en Danemark, où le système cellulaire
a été graduellement appliqué, aux frais des communes,
et suivant un plan uniforme, déterminé par une loi
de 1846, aux prisons inférieures destinées à recevoir
les condamnés à la peine de l'emprisonnement, peine
qui ne peut excéder deux années. La grâce n'existe pas
en Danemark; exceptionnellement, avant 1873, les condamnés aux travaux forcés à perpétuité pouvaient obtenir une grâce conditionnelle [1].

En 1873 également, le canton de Neuchâtel adop-
tait la libération conditionnelle. A Neuchâtel, d'excellents résultats ont été obtenus. Dans son rapport sur
les prisons de la Suisse, adressé à notre commission
d'enquête parlementaire de 1872, M. Lefébure, après
avoir constaté la bonne attitude des prisonniers dans
l'établissement de cette ville, ajoute que, lors de sa
visite, plusieurs patrons, en relation d'affaires avec la
prison, avaient déjà engagé pour le jour de leur mise
en liberté, certains détenus qui se faisaient remarquer
par leur travail et leur conduite [2].

Le canton de Vaud en 1875, le canton de Fribourg
en 1877 et le canton d'Unterwalden en 1878 [3], accep-
taient à leur tour la libération conditionnelle.

Le Code pénal du 28 mai 1878 (art. 48, 49, 50, 51)

---

1. Beltr. Scal., Rif. penitenz, p. 353 ; Prins, Loi sur Liber. condit. et cond. condit., p. 35.

2. Enq. parlem. T. ii, pp. 381 et 382 ; V. égal. Bulletin de la Soc.
génér. des pris., 1890. Étude sur le projet de Code pénal de Neuchâtel, p. 38.

3. Edm. Turrel, Code pén. ital., p. 26, n. 1.

l'a instituée en Hongrie comme couronnement d'un régime d'emprisonnement progressif, analogue au régime usité dans la plupart des cantons suisses. Elle existe aussi, mais administrativement seulement, en Autriche[1], où domine le système de la détention en commun avec catégories.

Au mois d'août de la même année, l'important congrès pénitentiaire de Stockholm la recommandait à la sollicitude des gouvernements.

Appliquée depuis le 1er janvier 1882 au Japon[2], et depuis le 8 janvier 1883 dans le canton de Saint-Gall[3], elle était mise en vigueur en 1886 dans les Pays-Bas par le nouveau Code pénal du royaume[4], qui a porté de deux à cinq ans le maximum de la durée de l'emprisonnement cellulaire, admis à titre d'essai en 1851 et définitivement adopté en 1854 avec un maximum d'un an[5].

Une loi du 31 mai 1888 l'a introduite en Belgique, où tous les condamnés à temps sont soumis au système cellulaire absolu[6], sous la surveillance de gardiens spé-

1. Turrel, Op. et loc. cit.

2. Prins., Liber. condit. et cond. condit., p. 36.

3. Turrel, Op. et loc. cit.

4. Code pénal du 3 mars 1881, exécutoire à partir du 1er septembre 1886.

5. Albert Rivière, Etude sur système pénit. du nouv. Code pénal des Pays-B. (Bulletin Soc. législ. comparée, mars 1889) ; p. 300. Prins, Liber. condit. et cond. condit., p. 34.

6. Loi du 4 mars 1870. Les condamnés à perpétuité peuvent après dix ans de régime cellulaire demander l'emprisonnement en commun.

cialement préparés à leur tâche, dans une école pratique établie au pénitencier de Louvain.

Inscrite dans les différents projets qui se sont succédés en Italie, à travers les changements de ministère depuis 1863[1], elle a fait l'objet des articles 16 et 17 du nouveau Code pénal du 30 juin 1889. Ce Code, si longuement et si soigneusement élaboré, prescrit l'emprisonnement cellulaire ou l'emprisonnement auburnien, suivant la nature et la durée de la peine[2].

L'Espagne, qui a récemment entrepris l'œuvre de la réforme pénitentiaire se montre favorable à la libération conditionnelle.

Aux Etats-Unis, où chaque législature est maîtresse de son système pénitentiaire, la libération conditionnelle est en usage dans le Rhode-Island[3], l'Etat de New-York, le Manachussetts et l'Ohio[4].

Elle n'existe ni en Russie, ni en Portugal[5], ni en Suède.

---

1. V. sur ces différents projets, Beltr. Scal., Réform. penitent., pp. 9-48.

2. V. art. 13, 15 et 21, Code pén. ital. Traduction Turrel.

3. Enq. parlem. T. III, p. 469.

4. Dans l'état de New-York et le Massachussets, la libération conditionnelle a remplacé le système du Good time law ou droit acquis par la bonne conduite à la remise d'une certaine partie de la peine, assez répandu dans la confédér. V. G. Dubois, Le régime pénal et pénitent. aux Ét.-Un. de l'Amér. du Nord (Bulletin de la Soc. génér. des pris., 1890, pp. 183 et 184).

5. La libération conditionnelle a été proposée en Portugal, dès 1867, par la commission de révision du Code pénal, V. Codigo, Pén.

Dans ce dernier pays, la liberté définitive pouvait être accordée, autrefois, après l'exécution de la moitié du la peine, au détenu qui avait gagné par son travail un pécule ce cent francs. La réforme des prisons dans le sens du système cellulaire a commencé en Suède, dès 1840, sous le patronage du prince royal, depuis Oscar Ier, qui publia, en 1841, une étude sur : « Les peines et les établissements pénitentiaires » [1].

§ 2. — *La libération conditionnelle en France.*

Le projet de réforme de 1843, abandonné après les événements de 1848, avait eu cependant pour conséquence de faire prescrire par M. Dufaure, ministre de l'intérieur [2], la séparation individuelle, qui devint dès lors la base des nouvelles constructions pénitentiaires.

En 1853, au début du second empire, une circulaire ministérielle [3] substituait au régime cellulaire le système des catégories, système d'une application délicate, qui

portug. relatorio, p. 100 ; V. égal. Bonneville, Amél. loi crim. T. II, pp. 162-166. Elle ne figure pas dans le Code du 16 septembre 1886 qui organise seulement le pardon et la réduction de peine (V. Bulletin Soc génér. des prisons, 1888, p. 960).

1. Enq. parlem. T. I, pp. 327 et 350 ; Prins., Liber condit et cond. condit, p. 35.

2. 20 août 1849. Enq. parlem. T. VII, p. 24.

3. Circulaire de Persigny, 17 août 1853, voir le texte de cette circulaire dans Bérenger. Répress. pén., T. II, p. 252 et suiv.

n'a jamais été sérieusement mis en vigueur, du moins dans les prisons de courtes peines. Deux ans plus tard, un des trois présidents de la Cour de cassation, M. Bérenger père, le rapporteur du projet de 1843 à la Chambre Haute, rendant compte à l'Académie des sciences morales et politiques d'une mission d'études pénitentiaires à l'étranger et particulièrement en Angleterre, condamnait comme stérile le système de l'emprisonnement collectif et posait, en principe, la nécessité de la libération conditionnelle [1].

Cet avis autorisé ne fut point entendu. Les prisons ne cessèrent pas d'être, selon l'expression piquante de M. Corne [2], des « serres chaudes » du vice et il fallut la protestation de M. Hallez-Claparède à la tribune du Corps législatif (10 avril 1863) [3] pour décider le gouvernement à se départir de son indifférence en cette matière. Le 6 octobre 1869, M. Forcade de la Roquette, ministre de l'Intérieur, adressait à l'Empereur un rapport relatif à certaines réformes entreprises dans les maisons centrales [4] et une enquête parlementaire commençait lorsque les événements de 1870 vinrent suspendre ses travaux.

Après la guerre, l'idée de la réforme des prisons fut reprise par M. d'Haussonville, qui provoqua la nomination par l'Assemblée nationale d'une commission chargée de l'élaborer [5]. Cette commission, composée de spécia-

1. Bérenger, Répress. pénale. T. III, pp. 245 et 330.
2. Anatole Corne, Prisons et détenus, 1869.
3. Enq. parlem. T. II, p. 422.
4. Enq. parl. T. II, p. 422.
5. Off. 1888, Sénat, ses. extr., p. 43.

listes, eut, au cours d'une minutieuse enquête, qui dura
deux années, à se poser la question de l'introduction,
dans notre loi pénale, de la libération conditionnelle.
Les Cours d'appel, consultées sur les divers points de
la réforme pénitentiaire[1], se montrèrent pour la plupart
favorables à cette épreuve de la liberté. Deux projets de
loi furent présentés à la commission, sur sa demande,
l'un par MM. de Bosredon et Fournier, comportant la
libération conditionnelle[2], l'autre par MM. d'Haussonville et Félix Voisin, négligeant cette institution[3]. La
commission, estimant sans doute qu'il convenait, avant
de s'occuper d'essayer et de consolider l'amendement,
de rechercher et d'organiser les moyens de l'obtenir,
préféra ce dernier projet. La libération conditionnelle
demeura donc en dehors du cadre de la loi du 5 juin 1875,
qui a soumis la peine de l'emprisonnement au régime
cellulaire, obligatoire ou facultatif, selon que sa durée
est inférieure ou supérieure à un an et un jour[4].
L'année précédente, une loi du 23 janvier avait fait une
application du principe de la libération conditionnelle,
en permettant d'accorder la *remise provisoire* de la
haute police au libéré de bonne conduite.

Une période d'ardentes luttes politiques vint interrompre, en 1875, l'œuvre commencée, et ce fut seulement en 1882[5] que reparut la libération conditionnelle,
proposée au Sénat dans un ensemble de mesures tendant

1. Enq. parl., T. IV et V.
2. Enq. parl. T. II, pp. 473-477.
3. Enq. parl. T. II, pp. 477-479.
4. Art. 2 et 4.
5. 27 décembre 1882.

à l'amendement des condamnés, comme correctif nécessaire d'un projet de loi sur la rélégation des récidivistes, dont la Chambre était saisie. Ce projet, provoqué
par une pression de l'opinion publique, alarmée des
progrès incessants de la récidive, est devenu la loi du
25 mai 1885.

Quant à la proposition, présentée au Sénat, elle contenait trois séries de mesures préventives distinctes :

1° Un ensemble de dispositions, assurant l'application
de la loi de 1875, jusque-là lettre morte, afin de mettre
les détenus dans une situation plus favorable à l'amendement ;

2° L'organisation de la libération conditionnelle et
du patronage pour stimuler l'amendement du détenu
et le reclasser dans la société ;

3° Comme corollaire des mesures précédentes, une
refonte de la réhabilitation, qu'il était indispensable de
rendre plus accessible en la débarrassant d'une procédure gênante et même préjudiciable.

La première partie de la proposition [1] fut retirée par
son auteur, sur la promesse formelle du gouvernement
de déposer, à bref délai, un projet plus complet dans
ce sens.

Les dispositions relatives à la libération conditionnelle et à la réhabilitation ont été votées, sauf quelques
légères modifications, par le Sénat et la Chambre, qui
leur a même accordé le bénéfice de l'urgence.

Nous n'avons à nous occuper dans ce travail que de

1. Off., Sén., ses. extr. 1883, ann., n. 149, p. 1,188.

la libération conditionnelle et du patronage (T. I et II de la loi du 14 août 1885).

C'est à M. Bérenger, sénateur de la Drôme, membre de la commission d'enquête parlementaire de 1872 et auteur de plusieurs propositions de loi dans le but généreux du reclassement, que revient l'honneur d'avoir introduit dans notre législation la libération conditionnelle.

« Il est bon qu'on sache gré aux gens de cœur qui ont contribué à faire une bonne réforme dans nos lois, a dit Jules Simon. Nous sommes si habitués à prodiguer nos remercîments, nos éloges et nos acclamations à ceux qui ont fait des coups de force, qu'il faut les donner quelquefois et les donner du meilleur de son cœur à ceux qui ont fait quelque bien. »

CHAPITRE III

La libération conditionnelle dans la loi du 14 août 1885.

Une loi sur la libération conditionnelle doit nécessairement contenir deux séries de dispositions, relatives les unes à l'obtention, les autres à la révocation éventuelle de cette liberté précaire.

Nous diviserons, par conséquent, notre étude de la libération conditionnelle dans la loi du 14 août 1885, en deux sections :

Section première. — Obtention de la libération conditionnelle.

Section II. — Révocation de la libération conditionnelle.

SECTION PREMIÈRE

OBTENTION DE LA LIBÉRATION CONDITIONNELLE

Nous avons à nous demander sous ce titre :

§ 1er. — Qui peut obtenir la libération conditionnelle?

§ 2. — Qui peut l'accorder?

§ 3. — Quelles sont les conditions d'obtention ?

§ 4. — Quelle est la procédure de la libération conditionnelle ?

§ 5. — Quels sont ses effets ?

§ 1er. — *Qui peut obtenir la libération conditionnelle?*

L'article 2, § 1, de la loi du 14 août 1885, est ainsi
conçu :

« Tous condamnés, ayant à subir une ou plusieurs
peines emportant privation de la liberté, peuvent, après
avoir accompli trois mois d'emprisonnement, si les peines sont inférieures à six mois, ou, dans le cas contraire, la moitié de leurs peines, être mis conditionnellement en liberté, s'ils ont satisfait aux dispositions
règlementaires fixées en vertu de l'article premier. »

« Tous condamnés », dit la loi, par conséquent les
criminels comme les correctionnels, les récidivistes
comme les non récidivistes.

Cette formule large traduit avec exactitude le principe fondamental de la libération conditionnelle :
l'amendement doit faire cesser toute peine reconnue
suffisante au point de vue de l'expiation et de l'exemple.

Les nécessités de l'expiation et de l'exemple ne peuvent motiver l'exclusion de telle ou telle catégorie de
condamnés du bénéfice de la libération conditionnelle.
Car, si l'exemple se règle sur le trouble social causé
par le délit, il résulte surtout du fait d'une condamna-

tion sévère et l'expiation a pour mesure le degré de perversité de l'agent. Or, ni la nature de la peine, ni le caractère de la faute, ni l'état de récidive n'indiquent d'une manière précise le niveau moral du délinquant.

Ainsi, l'abus de confiance commis par le domestique au préjudice du maître, est qualifié crime par l'art. 408, § 2, du Code pénal, et puni de la réclusion, tandis que l'abus de confiance ordinaire constitue un simple délit, passible d'un emprisonnèment de deux ans maximum (art. 408, § 1). Cependant ces deux actes délictueux, considérés en eux-mêmes, ne diffèrent guère ; de part et d'autre, la soustraction se complique d'une sorte de dol à peu près identique, par suite des rapports de l'agent avec la victime. Le déposant ou le mandant n'est pas plus responsable que le maître de son choix malheureux. D'où vient alors cette inégalité dans la peine ? D'une pure considération d'ordre public, de ce que le caaractère plus indispensable des services du domestique et de l'ouvrier exige, dans l'intérêt social, plus de garanties à l'égard du maître et du patron.

De même, il peut exister une certaine disproportion entre la responsabilité de l'agent et son crime. Le jeu trop restreint des circonstances atténuantes ne suffit pas toujours à l'équilibre de la peine et du degré de culpabilité ; d'où cette anomalie fréquente de verdicts négatifs, rendus par des juges scrupuleux au profit d'accusés manifestement coupables.

Prenons, par exemple, l'infanticide, le crime le plus monstrueux après le parricide. C'est, en général, un coup de tête de la part de désespérées, agissant sous l'empire d'une influence nerveuse, dont les causes physiques et morales sont multiples, mais non ce calcul cynique, prévoyant toutes les éventualités, réglant jusqu'aux moindres détails, qui caractérise un si grand nombre de délits.

Quant à la récidive, si elle correspond d'ordinaire à une corruption morale incurable, elle peut n'être parfois que le résultat d'une faiblesse, surtout avec les imperfections actuelles de notre méthode d'amendement et au lendemain de la surveillance brutale de la haute police. Sans doute, le nombre de ces fourvoyés dépend du plus ou moins d'efficacité du système de correction, mais l'action exercée ne sera jamais assez rigoureuse et assez flexible, pour opérer, dès la première épreuve, une sélection complète, alors qu'il faut venir à bout de l'éducation, du tempérament, du caractère dans un espace de temps, strictement limité, sans détention supplémentaire possible. Car il peut arriver que la peine ne soit pas suffisante au point de vue de la durée par rapport au délinquant, pour que le traitement réussisse. Qu'une nouvelle faute remette cet incorrigé sous la main de l'administration pendant une période plus longue et le résultat vainement poursuivi au cours de l'exécution de la première peine sera peut-être atteint cette fois, surtout s'il reste encore quelque chose de la précédente culture morale. C'est là un des points de contact et de liaison de la libération conditionnelle avec le système de l'aggravation progressive des peines en cas de récidive.

Par conséquent, puisque toute peine devient inutile par la réalisation de son triple but : l'exemple, l'expiation, l'amendement, et que ce triple but peut être obtenu avant le terme fixé par la condamnation, aussi bien à l'égard des criminels et des récidivistes que des correctionnels sans passé judiciaire, il serait illogique et injuste de ne pas rendre la libération conditionnelle accessible à toutes les catégories de délinquants, même à ceux qui, ayant déjà obtenu la libération conditionnelle, ont commis un nouveau délit [1].

Cependant, le Code pénal hongrois et le Code pénal italien excluent de la libération conditionnelle, l'un les récidivistes d'attentats contre la propriété [2], l'autre, les condamnés pour délits très graves et les récidivistes, en règle générale de second délit, de premier délit dans certains cas [3]. La législation américaine va plus loin. Les Etats de New-York et d'Ohio

---

1. Le Code pénal des Pays-Bas (art. 15, § 4) refuse, dans ce cas, la libération conditionnelle au condamné.

2. Code pénal hongrois, art. 49.
Ne peuvent être mis en liberté conditionnelle.................
Les récidivistes de crimes ou de délits prévus par les articles 333 (vol), 344 (rapine), 350 (extorsion), 355 (détournement), 370 (recel), 379 (tromperie), 422, 423, 424 (incendie).

3. Code pénal italien, art. 16...........................
« La libération conditionnelle ne sera pas accordée :
1o A l'individu condamné pour l'un des délits indiqués aux articles 248 (associations de malfaiteurs) et de 406-410 (rapine, extorsion, rançonnement).
2o A l'individu condamné à la réclusion pendant trente ans, en vertu de l'art. 59.
3o A l'individu se trouvant en état de récidive à l'égard des délits prévus par les articles de 364 à 368 (meurtre, assassinats) et par l'article 404 (vol aggravé).
4o A celui qui serait en récidive pour la seconde fois, quel que soit le délit commis, s'il a été condamné à une peine d'une durée supérieure à cinq années. »

n'admettent à la libération conditionnelle que les détenus sans antécédents judiciaires [1]. Exceptions d'autant
plus remarquables que jusqu'à la loi du 14 août 1885,
les législateurs ont fait de la libération conditionnelle
une institution plutôt de longue que de courte peine.
En France et en Belgique, l'application de la libération
conditionnelle aux condamnés à longue peine et aux
récidivistes n'a soulevé aucune opposition dans les
Chambres. Le rapport adressé au mois de juin 1890 [2],
par le Ministre de l'Intérieur au Président de la République, montre qu'elle n'est pas dépourvue d'efficacité
ou au moins d'utilité à l'égard de ces délinquants,
puisque du 23 février 1888 au 1er janvier 1890, 619 condamnés avec antécédents judiciaires et 651 condamnés
criminels ont été libérés conditionnellement.

M. Albert Rivière, dans un article sur le système
pénitentiaire du nouveau Code pénal des Pays-Bas,
publié dans le *Bulletin de la Société de Législation
comparée* du mois de mars 1889, regrette que le Code
néerlandais et la loi du 14 août 1885 n'aient pas refusé
aux étrangers la libération conditionnelle.

« N'est-il pas un peu naïf, dit-il, d'accorder cette
faveur à des individus à qui il suffit de rentrer dans
leur pays ou de repasser la frontière pour s'affranchir
de toutes les conditions imposées à cette libération. Il
est nécessaire de conclure des traités d'extradition avec
toutes les nations voisines, si l'on veut comprendre les

1. Georges Dubois, Régime pen. et pénit. aux Et.-Un. (Bulletin
Soc. gén. pris., 1880, pp. 191 et 199.

2. Off., 15 juin 1890, p. 2804.

étrangers dans les prévisions d'une telle loi et si l'on veut éviter des mécomptes trop faciles à prévoir. »

Sans doute, on est tenté, quand on voit la criminalité proportionnellement cinq fois plus forte en France chez les étrangers que chez les nationaux [1], de se rallier à l'opinion de M. Rivière. Il faut cependant la rejeter ; car si les délinquants étrangers sont le plus souvent des malfaiteurs de profession, en délicatesse avec la justice de leur pays, écartés d'avance de la libération conditionnelle, ne peut-il se rencontrer dans le nombre des délinquants par occasion ?

M. Rivière craint que la facilité pour l'étranger de se soustraire à notre législation, en repassant la frontière, n'influe sur la sincérité de l'amendement. C'est possible, mais cette considération est simplement de nature à légitimer vis-à-vis des étrangers, pour plus de garanties, l'élévation du minimum d'exécution effective par une disposition analogue à la disposition relative aux récidivistes de notre loi du 14 août 1885 (art. 2, § 2). D'ailleurs, dans aucun pays, sauf en Hongrie [2], l'étranger n'est privé du bénéfice de la libération conditionnelle.

Cependant, la formule générale de l'article 2, § 1,

---

1. Offic.. 31 janv. 1891, p. 495 (Rapport au Présid. de la Rép. sur l'admin. just. crim. en France et en Algérie, pend. 1888).

2. Art. 49, Code pén. 1878.
Le projet du Code pénal italien excluait également les étrangers du bénéfice de la libération conditionnelle. (V. Alimena, Proj. nouv. Code penit., p. 8.) Cette exception n'a pas été maintenue.

souffre certaines exceptions, que nous allons étudier, en les classant d'après leurs sources :

1° Les termes de la loi ;

2° Les documents parlementaires.

1° *Exceptions résultant des termes de la loi.*

Elles sont relatives :

A) Aux condamnés aux travaux forcés, subissant leur peine hors du territoire de la France et de l'Algérie.

B) Aux condamnés à une peine perpétuelle ;

C) Aux condamnés militaires pour délits d'ordre purement militaire, et aux condamnés militaires pour délits de droit commun subissant leur peine dans un pénitencier militaire ;

D) Aux condamnés non récidivistes à trois mois et aux condamnés récidivistes à six mois d'emprisonnement.

A) Condamnés aux travaux forcés, subissant leur peine hors du territoire de la France et de l'Algérie.

« Un règlement disciplinaire, portait l'art. 5 de la proposition Bérenger [1]... sera établi par l'administration « dans les divers lieux de répression ».

---

1. Offic. Sénat, sess. extr. 1882, ann. n. 235, p. 258.

« Tout condamné..... pourra être admis.... à la libération conditionnelle. »

Jusque-là, par conséquent, nulle exception fondée sur
le lieu d'exécution de la peine.

Au cours de la discussion générale au Sénat,
M. Herbette, commissaire du gouvernement, fit remarquer que la loi du 30 mai 1854 ayant créé une sorte
de libération conditionnelle spéciale à la transportation,
il convenait de restreindre à cet égard la disposition trop étendue de la proposition de M. Bérenger [1]. La commission fit la modification demandée, en
ajoutant au § 1 de l'art. 5 devenu l'article premier, les
mots « autres que ceux consacrés à l'exécution de la
peine des travaux forcés ». C'était trop dire, car, seuls,
les hommes subissent obligatoirement [2] dans les colonies
cette peine qui s'exécute, en général, pour les femmes
dans nos maisons centrales. M. Herbette eut le soin de
préciser afin d'éviter tout malentendu, et la commission
adopta, avant la deuxième délibération, cette formule
moins inexacte du texte définitif « dans les divers établissements pénitentiaires de France et d'Algérie »,
complétée par l'article 11 ainsi conçu :

« La présente loi est applicable aux colonies, sous
réserve des dispositions des lois ou règlements spéciaux

---

1. Offic. sess. ord. 1884, Sénat, p. 759.

2. Excepté cependant les vieillards (art. 5), et les détenus condamnés pour crime commis dans les prisons (Loi du 25 décembre 1880).

relatifs à l'exécution de la peine des travaux forcés. »

D'où il résulte que les condamnés aux travaux forcés transportés, mais ceux-là seulement, sont soumis,
en matière de libération conditionnelle, à la loi du
30 mai 1854, dont nous avons exposé le but dans notre
historique.

L'article 4 de cette loi déclare la transportation des
femmes facultative, au gré de l'administration. En
principe, les femmes restent en France, mais on fait
parfois appel à leur bon vouloir, dans l'intérêt du ma-
riage des transportés concessionnaires, que l'Etat favo-
rise comme le meilleur moyen de régénération. De plus,
la femme condamnée en même temps que son mari
peut être, sur sa demande, autorisée à le suivre ou à le
rejoindre aux colonies pénitentiaires. Par le fait de
leur départ, la loi du 14 août 1885 cesse d'être applicable aux femmes au profit de la loi du 30 mai 1854, qui
contient, en matière de libération conditionnelle, la disposition suivante :

« Les condamnés des deux sexes qui se seront rendus dignes d'indulgence par leur bonne conduite, leur
travail et leur repentir pourront obtenir : 1° l'autorisation de travailler aux conditions déterminées par l'administration soit pour les habitants des colonies, soit
pour les administrations locales; 2° une concession de
terrain et la faculté de la cultiver pour leur propre
compte. Cette concession ne pourra devenir définitive
qu'après la libération du condamné. »

Cette libération conditionnelle spéciale a été organisée par un règlement d'administration publique, rendu

en vertu de l'article 14 de la loi de 1854 et par divers arrêtés de l'administration locale.

Mais le transporté, devenant un colon libre par sa libération définitive, il y a lieu de lui appliquer la loi du 14 août 1885, dans le cas d'une condamnation nouvelle pour crime ou délit, à une autre peine que celle des travaux forcés (art. 11, loi du 14 août 1885).

Pour ces mêmes condamnations encourues, conformément au droit commun, par suite d'un nouveau crime ou d'un nouveau délit, la loi de 1885 est applicable aux transportés en cours de peine, depuis un décret du 5 octobre 1889 [1]. Ce décret, qui abroge les vieilles ordonnances royales sur la police des chiourmes, ordonnances prescrivant des châtiments corporels, depuis longtemps remplacés, en pratique, par les peines ordinaires, substitue à cette pénalité dérisoire la réclusion cellulaire et l'emprisonnement auburnien.

Son article 5 est ainsi conçu :

« Les condamnés à la réclusion cellulaire et à l'emprisonnement peuvent obtenir la faveur de la libération conditionnelle dans les conditions déterminées par la loi du 14 août 1885.

« Dans ce cas, ils sont réintégrés sur les chantiers et ateliers de la transportation. »

Ce décret place le transporté qui se rend coupable d'une nouvelle faute dans une situation digne de remarque, car non seulement la seconde peine suspend l'exécution de la première, mais elle comporte un amendement distinct, sanctionné spécialement par une libération conditionnelle différemment organisée.

---

1. Offic., 12 octobre 1889, p. 5042.

B) Condamnés à une peine perpétuelle.

Cette exception résulte de ces mots de l'art. 2 de la loi du 14 août 1885 : « après avoir accompli ..... la moitié de leurs peines ».

Se justifie-t-elle ?

M. Leveillé ne le pense pas.

« Il m'avait cependant toujours paru, dit l'éminent professeur de la Faculté de Paris, que les condamnés perpétuels avaient autant, sinon plus que les condamnés à temps, besoin d'entrevoir et d'espérer une libération anticipée. Mais les criminalistes du ministère de l'intérieur, ayant remarqué que les condamnés à temps n'étaient libérables qu'après avoir subi la moitié de leur peine, ont tiré de cette observation littérale la conséquence, quelque peu hasardée, que les condamnés perpétuels ne pouvaient jamais être libérés par anticipation, précisément parce qu'ils sont condamnés à perpétuité et que l'éternité ne se divise pas en deux. Je ne contesterai certes pas la grandeur biblique d'un tel argument, mais, en vérité, sans essayer de diviser l'éternité par deux, était-il donc impossible d'autoriser la libération provisoire des condamnés perpétuels après un temps d'épreuve fixé d'avance et d'une façon constante, après dix ans, par exemple, de bonne conduite et d'efforts soutenus [1]. »

---

1. Journal *Le Temps* du 12 sept. 1885. L'exécution de la loi des récidivistes.

C'est, en effet, ce qui a lieu en Angleterre, où le condamné à perpétuité peut obtenir la libération conditionnelle après vingt ans [1] ; en Hongrie, où quinze années suffisent [2].

M. Stevens, inspecteur général des prisons de Belgique, après avoir déclaré devant notre commission d'enquête de 1872 la libération conditionnelle inutile en principe dans son pays, par suite de la réduction de peine, conséquence du système cellulaire, ajoutait qu'il souhaitait cependant la voir adopter, à la place de la grâce, en matière de peines perpétuelles [3]. La législation belge a réalisé ce vœu, en rendant la libération conditionnelle accessible aux condamnés à perpétuité, après dix ans de peine et quatorze ans dans le cas de récidive légale (Art. 1, § 3, loi du 31 mai 1888).

L'intérêt de cette discussion est purement théorique, car, pratiquement, le condamné à perpétuité qui se conduit bien peut obtenir une commutation et aspirer dès lors à la libération conditionnelle au même titre que les condamnés à temps. La libération conditionnelle est en somme, pour lui, dans les législations qui la lui refusent comme condamné à perpétuité une libération à deux degrés. En France, notamment, l'admission directe des condamnés perpétuels à la libération conditionnelle n'aurait eu qu'une très faible portée : d'une part, elle n'aurait profité qu'aux femmes et aux vieillards, de l'autre, les commutations de peine intervenant d'ordi-

1. Enq. parlem. T. ii, p. 86.
2. Code pén. hongr., art. 48, § 1.
3. Enq. parlem. T. ii, p. 164.

naire après dix ans, elle n'aurait guère procuré plus tôt
la libération conditionnelle à cette catégorie de condamnés.

Sans doute, il semble que le condamné à perpétuité
étant susceptible d'amendement, on n'aurait point dû
lui refuser le bénéfice de la libération conditionnelle.
Cependant, l'exemple n'est-il pas aussi un des éléments
de la peine et ne risquerait-on pas d'affaiblir beaucoup
l'effet exemplaire d'une condamnation perpétuelle si
une disposition légale venait lui donner les apparences
d'une peine temporaire? La libération conditionnelle
constitue, il est vrai, une faveur et, par conséquent,
l'exemple, cette compensation du scandale par le châtiment, d'où doit résulter une crainte salutaire en rapport avec la gravité du trouble social, paraît sauve-
gardé puisque l'administration demeure libre de ne tenir
aucun compte du repentir du délinquant. Ce raisonnement serait exact si l'exemple tirait sa force de l'exécution de la condamnation, mais, nous l'avons remarqué
au début de ce chapitre, le principal élément de l'exemple est l'impression qui se dégage de la condamnation
elle-même. Il serait particulièrement fâcheux, dans le
cas de commutation de la peine de mort, que la peine
substituée pût être considérée par le public comme une
peine temporaire.

D'ailleurs, la libération conditionnelle, mesure essentiellement transitoire, implique la limitation du droit
de révocation. Or, de deux choses l'une pour les condamnés à perpétuité libérés conditionnels : ou la grâce
doit leur être accordée quand leur amendement est jugé
sincère et pourquoi, dès lors, puisqu'elle s'impose, ne
pas faire de la grâce, dans l'intérêt de l'exemple, le

point de départ de la libération conditionnelle; ou bien
ils doivent être affranchis de plein droit après un temps
suffisant d'épreuve, solution qui dénature la libération
conditionnelle transformée en une remise d'une partie
de la peine et permet l'exercice du droit de grâce à un
autre agent que le chef de l'Etat.

Il vaut mieux, par conséquent, laisser à la peine perpétuelle son caractère absolu, alors que la grâce com-
mutative donne la facilité d'arriver à la libération conditionnelle avec des garanties et une autorité plus
grandes.

*C) Aux condamnés militaires pour délits d'ordre
purement militaire et condamnés militaires pour
délits de droit commun, subissant leur peine dans
un pénitencier militaire.*

a) La loi du 14 août 1885 ne contenant aucune disposition spéciale à la matière exceptionnelle des crimes
et des délits d'ordre purement militaire, les condamnés
de cette catégorie ne peuvent bénéficier de la libération
conditionnelle.

b) Quant aux condamnés militaires de droit commun, il faut distinguer entre :

c) Les condamnés à une peine criminelle, soumis par
voie de conséquence à la dégradation militaire.

d) Les condamnés à une peine correctionnelle.

e) Les premiers ne subissent pas leur peine dans les
pénitenciers militaires; ils sont remis à l'autorité civile
aussitôt après la cérémonie de la dégradation, destruc-

tive de leur qualité, et par le fait la loi du 14 août 1885
leur devient applicable.

f) Mais la libération conditionnelle ne peut être accordée aux condamnés correctionnels parce que, pur-
geant leur condamnation dans les prisons militaires,
ils demeurent sous l'autorité du ministre de la guerre.
Or, l'article 3, § 1 de la loi de 1885 attribue compétence
au ministre de l'intérieur, et une pareille disposition
n'est pas susceptible d'être étendue par voie d'analogie.

Si les travaux préparatoires de la loi du 14 août 1885
sont muets sur ce point, la discussion au Sénat du projet relatif aux condamnations conditionnelles est venue
le mettre hors de doute. M. Béranger, interrogé sur la
situation des délinquants militaires à l'égard de ce
nouveau procédé d'amendement, a répondu qu'en vertu
de la règle suivie jusqu'à ce jour, une loi spéciale était
nécessaire pour modifier les conditions de la répression
dans l'armée, ajoutant qu'il souhaitait, comme juris-
consulte, l'extension du système des condamnations
conditionnelles aux militaires, dans la limite des délits
de droit commun [1].

On ne voit pas pour quels motifs les condamnés militaires de droit commun seraient écartés de la libération
conditionnelle, car cette institution n'a rien de contraire
à la discipline. Qu'on leur refuse le bénéfice de la condamnation conditionnelle, afin de ne pas conserver dans
les corps de troupe des hommes sous le coup d'un délit
récent constaté par une décision du conseil de guerre et
sanctionné par l'application d'une peine, nous le com-

1. Offic., sess. ord. 1890, Sénat, p. 526.

prenons ; mais, en matière de libération conditionnelle, le condamné a subi une partie de sa peine et racheté la liberté par sa bonne conduite. Sa faute est à peu près effacée. La grâce ne sert-elle pas tous les ans à réintégrer dans les rangs de l'armée des condamnés présumés amendés, dont la libération conditionnelle permettrait d'augmenter le nombre ? L'usage actuel du renvoi dans les régiments des condamnés libérés de bonne conduite fournirait le meilleur complément à la libération conditionnelle.

Cette exclusion des délinquants militaires du bénéfice de la condamnation et de la libération conditionnelle a également provoqué à la Chambre belge l'intervention d'un député, qui l'a qualifiée d' « évidente injustice [1] ».

L'injustice est particulièrement prononcée dans notre législation sous le rapport de la libération conditionnelle. L'exception conduit, en effet, à l'inégalité la plus fâcheuse, non seulement entre condamnés civils et militaires considérés d'une manière générale, mais entre militaires et entre fauteurs d'un même délit.

D'abord, les condamnés à la réclusion profitent de la libération conditionnelle, tandis que les condamnés à un simple emprisonnement en demeurent privés.

En second lieu, dans le cas de l'art. 76 du Code de justice militaire et par application de l'art. 196, § 2 du même Code, le militaire condamné à l'emprisonnement par la juridiction civile se trouve au point de vue de l'exécution de la peine en état d'infériorité vis-à-vis de ses coauteurs ou complices civils, puisque la peine mitigée

---

1. M. Delebecque, Pasin., 1888, p. 231.

pour ceux-ci par la perspective de la libération conditionnelle, est, à son égard, intégralement exécutoire.

*D) Condamnés non récidivistes à trois mois et
condamnés récidivistes à six mois d'emprisonnement.*

a) Condamnés non récidivistes à trois mois d'emprisonnement.

Cette exception résulte de ces mots du § 1 de l'article 2 :

« Après avoir accompli trois mois d'emprisonnement ».

Au début, la libération conditionnelle fut exclusivement réservée aux longues peines, servitude pénale en
Angleterre, travaux forcés et réclusion dans le royaume
de Saxe [1]. Pour plus de garanties, l'Angleterre, qui,
par une application imprudente, avait tout d'abord
failli compromettre chez elle et retarder peut-être pour
longtemps en Europe, l'adoption de la libération conditionnelle, éleva même en 1869 de trois à cinq ans le
minimum de la servitude pénale.

Mais à cette époque d'excellents résultats affirmaient
déjà l'efficacité de la libération conditionnelle et les
législations qui allaient l'organiser à leur tour n'avaient
plus les mêmes motifs de restreindre son champ d'application.

1. Offic., sess. extr. 1882, Sénat, ann. 235, p. 254.

Aussi voyons-nous, en 1870 le canton du Tessin, en 1871 l'Allemagne et le canton de Zurich, étendre le domaine de la libération conditionnelle en l'accordant pour toutes les peines d'une durée supérieure à une année[1].

Ce minimum qui, jusqu'en 1885, servit de limite extrême à tous les législateurs, fut proposé par certaines cours d'appel, lors de l'enquête parlementaire de 1872 et adopté par MM. de Bosredon et Fournier dans le projet présenté à la commission d'enquête, le 20 juin 1873[2].

M. Bérenger le réduisit à six mois.

« La conviction où nous sommes de l'excellence de la mesure, disait-il dans son exposé des motifs, nous porte à choisir au milieu des divers systèmes celui qui lui donne la plus large extension[3] ».

Mais, au cours de la discussion au Sénat, il déclara ce minimum de six mois nécessaire, dans l'intérêt de l'efficacité de la peine, au double point de vue de l'expiation et de l'exemple[4].

Tel ne fut pas l'avis de Mgr Freppel, qui déposa, lors de la discussion à la Chambre des Députés, un amendement tendant à supprimer toute exception fondée sur la durée de la peine[5].

---

1. Offic., sess. extr. 1882, Sénat, ann. 235, p. 254 ; Beltr. Scal., Rif. penit. in Ital., pp. 360 et 361.

2. Art. 5. Enq. parlem. T. II, p. 474.

3. Offic., sess. extr. 1882, Sénat, ann. 235, p. 254.

4. Offic., sess. ord. 1884, Sénat, p. 763.

5. Offic., sess. ord. 1885, Chambre, p. 831.

Cet amendement, voté par la Chambre, fut repoussé par le Sénat, qui rétablit l'exception, mais en la limitant aux peines de trois mois et au-dessous, texte actuel.

La question s'est posée depuis, à l'occasion de la loi du 31 mai 1888, devant la chambre belge où, à la suite d'un amendement semblable, elle a fait l'objet d'un assez long débat favorable à notre exception [1].

Dans quel sens faut-il la résoudre?

Le rejet de l'exception basée sur la brièveté de la peine se déduit du caractère de pure faveur de la libération conditionnelle. L'exception s'imposerait si la libération conditionnelle était un droit résultant pour le condamné de sa bonne conduite pendant une première partie de la peine. On pourrait alors redouter les fâcheuses conséquences d'une période d'observation insuffisante. Mais du moment que l'administration est libre d'accorder ou de refuser à son gré la libération conditionnelle, l'exception perd toute utilité. Elle présente, au contraire, l'inconvénient d'empêcher sans raison la mise en liberté d'un condamné de courte peine, sincèrement et manifestement amendé et de priver le petit délinquant d'une atténuation accessible au détenu coupable d'un délit plus grave. Bien qu'une très courte peine paraisse dépourvue d'efficacité sous le rapport de la correction, le cas d'un repentir véritable est de nature à se produire fréquemment chez les délinquants « primaires », dont le sentiment moral peut être assez profond pour réagir sous l'impression de la

5. Pas., pp. 217, 234, 246, 254 et suiv.

condamnation ou même de la réflexion succédant à l'instant d'oubli.

Quoiqu'il en soit, l'application de ce raisonnement, fort juste en théorie, soulève une difficulté. Certaines formalités sont nécessaires pour l'obtention de la libération conditionnelle. La constatation de l'accomplissement du triple but de la peine implique l'avis de deux autorités. La demande doit être instruite. Dans ces conditions, avec un délai de moins de trois mois, la libération conditionnelle interviendra-t-elle assez tôt pour procurer au détenu un avantage notable? D'autre part, comment les agents de l'administration pénitentiaire pourront-ils en quelques jours se former sur la moralité du détenu une opinion, qui suppose une étude prolongée? Aussi, les partisans de ce système sont-ils contraints d'admettre, comme M. Delbecque à la chambre belge[1], que les parquets devront être seuls consultés, ou, solution identique, dans l'espèce, que l'administration devra prendre pour base de son opinion sur le détenu les notes judiciaires, — en d'autres termes de confier aux tribunaux, s'inspirant de la moralité présumée du délinquant, le soin de décider d'avance la mise en liberté, de leur faire prononcer, en même temps que la peine, une sorte de réduction ou de permettre au parquet de modifier la peine infligée par les juges.

Autant vaut, dans ce cas, accorder une libération conditionnelle anticipée, suivant l'idée émise par

1. Pas., p. 233.

MM. Arnez et Tallack au congrès de Stockholm [1], ou
mieux retourner la libération conditionnelle et donner
aux tribunaux la faculté de suspendre l'exécution de
la peine, sinon les effets de la condamnation, à l'égard
d'un délinquant d'occasion, jusque-là de conduite irréprochable, pour lequel la honte de la comparution en
justice est une expiation suffisante et qu'il importe
toutefois, dans l'intérêt de l'exemple, de ne point
absoudre. On a lieu d'être surpris, en voyant les
adversaires de l'exception basée sur la brièveté de la
peine, rejeter le système des condamnations conditionnelles par crainte de mauvais résultats, alors
qu'ils tendent à la réalisation du même principe avec
une méthode plus dangereuse, car le passage dans la
prison expose le délinquant de moralité reconnue au
contact d'énergiques éléments de corruption et jette
tout au moins sur lui un discrédit regrettable.

La condamnation conditionnelle, qui offre sur les
autres moyens de sanction du délit très atténué : la
simple admonition de la législation portugaise (Code
de 1886, art. 81 et 89), la réprimande substituée à la
peine du Code italien (riprinzione giudiziale — C. p.,
1888, art. 26 et 27) ou le sursis au jugement de la loi
anglaise (Probation of first offenders act du 7 août 1887)
la supériorité de la libération conditionnelle sur la
grâce se rattache intimement à notre institution. Condamnation et libération conditionnelles sont comme les
deux branches d'un instrument destiné à resserrer et à

1. Desportes et Lefébure, Science penit. au Congrès de Stock.,
p. 212.

réduire à sa plus simple expression la récidive. Le
législateur belge a fait œuvre de logique, en les organisant côte à côte dans la même loi. Proposé dès 1884
par M. Bérenger au Sénat, le système des condamnations conditionnelles vient de combler dans notre
législation la lacune due à l'exclusion de la libération
conditionnelle des condamnés à trois mois et au-
dessous [1].

Car, pour les peines de très courte durée, non seulement la condamnation conditionnelle remplace avantageusement la libération conditionnelle, mais elle ne lui
cède en rien au point de vue de l'étendue de son application. Si la libération conditionnelle était accessible
aux condamnés de courte peine, elle serait exclusivement accordée à ceux qui auraient été l'objet d'un avis
favorable de la part de l'autorité judiciaire, c'est-à-dire
à ceux qui, par leur passé et leur attitude repentante,
auraient produit une bonne impression sur les juges, à
ceux, par conséquent, qui obtiendront le bénéfice de la
condamnation conditionnelle. Les délinquants mal
notés par le tribunal demeureraient suspects, malgré leur
bonne conduite; la libération conditionnelle leur serait
impitoyablement refusée.

b) Condamnés récidivistes à six mois d'emprisonnement.

Mais la condamnation conditionnelle n'est et ne peut
être applicable aux récidivistes. Or, l'art. 2 de la loi
du 14 août 1885 aggrave dans son § 2 à l'égard de
cette catégorie de délinquants l'exception du § 1.

---

1. Loi du 26 mars 1891.

« Toutefois, dit le § 2, s'il y a récidive légale, soit
aux termes des articles 56 à 58 du Code pénal, soit en
vertu de la loi du 27 mai 1885, la durée de l'emprisonnement est portée à six mois..... »

La loi belge contient une disposition analogue (art. 1,
§ 2).

Les récidivistes de courte peine ne sont guère, en
raison de la présomption de perversité qui pèse sur eux,
susceptibles d'être libérés avant terme. Aussi, nous
eût-il paru préférable de n'établir, relativement à notre
exception, aucune différence entre les récidivistes
et les non récidivistes, laissant de la sorte, sans danger
d'abus, à l'administration, la faculté d'élargir, le cas
échéant, avant le délai de six mois, un récidiviste
exceptionnel.

Le texte du § 2 vise non seulement les récidivistes
proprement dits, mais encore les condamnés passibles
de la rélégation en vertu de la loi du 27 mai 1885, bien
que ces condamnés, malgré leur passé judiciaire, ne
soient pas nécessairement des récidivistes dans le sens
du Code pénal [1].

La disposition qui a été, à bon droit, ajoutée à
l'art. 58 du C. p., par la loi du 26 mars 1891, a étendu
l'application du § 2 aux délinquants, jusqu'ici non
qualifiés récidivistes, qui, après une première condamnation à un emprisonnement d'une durée inférieure à
une année, auront commis le même délit dans les cinq
ans, à compter de l'expiration de la peine.

---

1. La récidive *exceptionnelle* de la loi du 27 mai 1885 a été restreinte par la loi du 26 mars 1891.

2° *Exception résultant des documents parlementaires.*

Elle est relative aux jeunes détenus.

Il ressort des travaux préparatoires de la loi du 14 août 1885 que la libération conditionnelle demeure soumise pour les jeunes détenus aux dispositions de la loi du 5 août 1850.

§ 2. — *Qui peut accorder la libération conditionnelle.*

L'art. 3 (§§ 1 et 2) nous répond :

« Les arrêtés de mise en liberté sous conditions et de révocations sont pris par le ministre de l'intérieur.

« S'il s'agit de la mise en liberté, après avis du préfet, du directeur de l'établissement ou de la circonscription pénitentiaire, de la commission de surveillance de la prison et du parquet près le tribunal ou la Cour qui a prononcé la condamnation. »

Cette disposition, contenue dans l'art. 7 de la proposition Bérenger fut, au sein de la commission du Sénat, l'objet des critiques de M. Bardoux [1], qui voulait sub-

---

1. Offic., sess. extr. 1883. Sén. ann. 149, p. 1189.

stituer à la compétence du ministre de l'intérieur la compétence de l'autorité judiciaire, représentée par le
ministre de la justice. Le système, soutenu par M. Bardoux, repose sur le principe de la séparation des pouvoirs. L'autorité judiciaire pouvant seule modifier une
sentence de la justice ou connaître de son exécution, le
droit de statuer, en matière de libération conditionnelle,
doit être son apanage exclusif.

Mais, puisque l'on se place sur le terrain de la chose
jugée, pourquoi attribuer compétence au ministre de la
justice et non aux tribunaux, conformément à la proposition de MM. Hamilton et Caneras y Gonzalès au
Congrès de Stockholm[1] et au vœu de la Cour d'Amiens
dans son rapport à la commission d'enquête de 1872[2].
La durée de la peine ayant été fixée par le juge comme
nécessaire à l'action de l'exemple, de l'expiation et de
l'amendement, c'est à lui plutôt qu'au ministre de la
justice, simple administrateur, de déclarer, s'il y a lieu,
la peine suffisante avant terme et d'ordonner la mise
en liberté du détenu.

Les renseignements pourraient être recueillis auprès
du directeur de l'établissement pénitentiaire par le juge
d'instruction et un jugement aurait autant d'autorité,
présenterait même plus de garanties qu'un arrêté ministériel.

Mais si M. Bardoux a proposé de faire dépendre la
libération conditionnelle du ministre de la justice, c'est

1. Desportes et Leféb. La science pénit. au Congr. de Stock.,
p. 210.

2. Enq. parlement., T. IV, p. 296.

qu'il la considère comme l'analogue de la grâce. Pour
être rigoureusement logique, étant donné ce point de
départ, il fallait aller plus loin et conclure avec
M. Brunet de l' « affinité singulière » qui existe entre
la grâce et la libération conditionnelle à la compétence
exclusive du chef de l'Etat.

Voici le texte de l'amendement proposé au Sénat par
M. Brunet :

« La mise en liberté sous condition est ordonnée par
décret du président de la République, pris sur la proposition du ministre de l'intérieur et sur l'avis conforme du garde des sceaux, ministre la justice[1]. »

Sans doute, ce système offre l'avantage de couper
court à tout conflit, mais, au point de vue pratique, il a
l'inconvénient de prolonger sans motif la procédure, —
conséquence fâcheuse, surtout en matière de révocation,
dans le cas de détention provisoire du libéré conditionnel incriminé, — car le chef de l'Etat, compétent pour
accorder la libération conditionnelle, devrait aussi intervenir pour la révoquer, un décret ne pouvant être an-
nulé que par un décret. Or, la libération conditionnelle
exige une procédure rapide ; il faut qu'elle sanctionne,
dans le plus bref délai possible, l'amendement reconnu
sincère.

Au point de vue théorique, ce système se fonde
comme celui de M. Bardoux sur une idée inexacte de
la libération conditionnelle.

Nous avons démontré dans notre premier chapitre

---

1. Offic., Sénat, sess. ord., 1884, p. 768.

que la libération conditionnelle est un simple mode
d'exécution de la peine.

D'où les conclusions suivantes :

La libération conditionnelle ne porte aucune atteinte
à l'autorité de la chose jugée, puisque la peine sub-
siste.

Pour ce même motif, elle diffère essentiellement de
la grâce.

Enfin, étant un mode d'exécution, il est plus logique
qu'elle dépende de l'autorité chargée de faire exécuter
la peine.

Or, cette attribution de compétence n'est nullement
contraire au principe de la libération conditionnelle,
car la libération conditionnelle doit être accordée toutes les fois que la peine est reconnue suffisante au
triple point de vue de l'expiation, de l'amendement et
de l'exemple. L'expiation et l'amendement, les deux
éléments principaux de la peine, sont du ressort de
l'administration pénitentiaire. Personne n'est plus
capable de se rendre compte de la situation morale du
détenu. Quant à l'exemple, pure question d'interprétation de la sentence, les magistrats seuls peuvent
dire pour combien il a pesé dans la détermination du
quantum de la peine.

Par conséquent, c'est à l'administration pénitentiaire
qu'il convient d'attribuer le droit de décider en matière
de libération conditionnelle ; mais l'autorité judiciaire
devra toujours être appelée à donner son avis[1].

Aussi, la loi du 14 août 1885 exige-t-elle pour que la

1. V. Bonneville, Instit. complém. du rég. pénit., pp. 222-224.

libération conditionnelle puisse être accordée, « l'avis
du parquet près le tribunal ou la cour qui a prononcé la
condamnation » (Art. 3, § 2).

N'eût-il pas été plus logique de faire intervenir, au
lieu du parquet, le tribunal ou la cour statuant, par
exemple, en Chambre du conseil, après nouvel examen
de la procédure, communication des renseignements
des diverses autorités, et même connaissance des observations écrites du détenu, suivant le système exposé
par M. Henri Prudhomme dans un article de la *Gazette
des Tribunaux* du 11 juin 1885 [1] ? N'oublions pas qu'il
s'agit de commenter un jugement, non de le réformer.
Or, le parquet possède sous ce rapport tous les éléments
d'appréciation et il est, en sa qualité de représentant
de la société, le premier intéressé à la répression des
crimes. Comme, pour ces motifs, les juges émettraient
le plus souvent un avis conforme à ses conclusions,
cette consultation du tribunal ou de la cour n'aboutirait
qu'à prolonger inutilement l'instance en libération
conditionnelle et à revêtir l'avis de l'autorité judiciaire
d'une forme peu compatible avec son caractère facultatif.

Car l'article 3 ne rend pas cet avis obligatoire pour
l'autorité compétente, contrairement au vœu formulé

---

1. P. 555. col. 1 — Un système analogue a été adopté en Italie :
« Le procureur général, dit l'art. 4, § 3 du décret réglem. du 1er déc.
1889 pour la mise en vigueur du code pénal du 30 juin, après avoir
recueilli les informations nécessaires provoque par des conclusions
motivées l'avis de la section d'accusation et la transmet en même
temps que la demande et tous les documents au ministère de la
justice. (Bullet. soc. génér. du pris., 1890, p. 831.)

par les cours de Montpellier et de Limoges, lors de l'enquête de 1872[1]. Il en est de même des législations étrangères qui, presque toutes, prescrivent également l'avis de la justice. Il importait, tout en assurant l'effet exemplaire de la peine, d'éviter qu'un souci exagéré de la défense sociale pût venir entraver l'application de la libération conditionnelle.

En principe, le droit d'accorder la libération conditionnelle devrait être dévolu, semble-t-il, aux représentants de l'administration pénitentiaire, en contact immédiat avec le détenu, les directeurs de prisons et les commissions de surveillance[2]. Mais, à cause du caractère facultatif de l'avis de la justice, en raison de la situation exceptionnelle du libéré conditionnel, dans l'intérêt du libéré et dans l'intérêt de l'institution, les décisions relatives à la libération conditionnelle doivent présenter une autorité, qui s'impose à tous et qui inspire au public une confiance suffisante. Il faut donc réduire les directeurs de prisons et les commissions de surveillance au rôle de simple conseil pour réserver le droit de prononcer en matière de libération conditionnelle au ministre qui a sous sa dépendance le service pénitentiaire.

La question du rattachement de ce service n'est pas résolue de la même manière dans tous les pays; dans certains, les prisons font partie du domaine de la jus-

---

1. Enq. parlem., T. IV, pp. 44 et 171.

2. Aux Etats-Unis, dans l'Etat d'Ohio, la libération conditionnelle est accordée par le conseil d'administration (Georg. Dubois; Reg. pen. et penit. aux Et.-Un., p. 199).

tice; dans d'autres, en France, par exemple, elles dépendent du ministère de l'intérieur. La compétence en matière de libération conditionnelle doit être subordonnée à sa solution.

Ce système, soutenu par M. Bonneville de Marsangy dans ses « Institutions complémentaires du régime pénitentiaire [1] » et M. Beltrani Scalia dans son ouvrage sur « La réforme pénitentiaire en Italie » [2], paraît avoir servi de règle à toutes les législations qui ont organisé la libération conditionnelle.

Ainsi l'Allemagne, le Danemarck, les Pays-Bas, le canton de Zurich, la Belgique [3], ont attribué compétence au ministre de la justice, à qui appartient la direction des prisons.

En Angleterre, la libération conditionnelle dépend, comme le service pénitentiaire, du ministre de l'intérieur [4].

Il serait à désirer que le service des prisons fût rat-

---

1. p. 223. — V. égat. Amélior. de la loi crim. T. I, p. 606.

2. p. 338.

3. Art. 25, code pén. Allem. 1871. — Enq. parlem., T. II, p. 181. — Beltr. Scal. Rif. pénit. in It., p. 353. — Code pén. Pays-Bas, 1881; art. 17, A. Rivière, Etude sur syst. pénit. nouv. code pénal des P.-B. (Bullet. soc. législ. comp., mars 1889). Loi belge du 31 mai 1888, art. 5, § 1.

4. Beltr. Scal., Rif. pénit, p. 338. — Le rapport présenté en mars 1863 par la commission chargée de la préparation d'un projet de Code pénal italien attribuait compétence au roi (Beltr. Scal. Rif. pénit., p. 16, n. 1). — C'est au ministre de la justice que le Code pénal du 30 juin 1889 confère le droit d'accorder la libération conditionnelle.

taché en France au ministère de la justice, car l'exécution de la peine doit avoir le même centre que les
juridictions chargées de la prononcer.

§ 3. — *Conditions d'obtention.*

Le caractère de pure faveur de la libération conditionnelle n'est-il pas exclusif de toute condition d'obtention établie par la loi ? N'est-il point nécessaire que
l'administration puisse libérer conditionnellement le
détenu, dès que le triple but de la peine lui paraît
atteint ?

Si le législateur, la sphère d'application de la libération conditionnelle une fois tracée, doit éviter de
gêner par des règles inutiles le fonctionnement de
l'institution, il ne faut pas cependant qu'il néglige de
garantir sa condition essentielle. C'est à tort que la
législation anglaise a fait du concours d'un certain
temps de peine et d'un nombre déterminé de bonnes
notes un droit à la libération conditionnelle ; la loi qui
ne limiterait point la faculté d'accorder cette faveur
serait également défectueuse. Cette limitation offre
d'ailleurs l'avantage de diminuer, dans l'intérêt même
des condamnés, les demandes de libération conditionnelle et de donner à ces demandes un caractère plus
sérieux.

« Tous condamnés, dit l'art. 2 de la loi du 14 août
1885, ayant à subir une ou plusieurs peines emportant

privation de la liberté peuvent, après avoir accompli
trois mois d'emprisonnement, si les peines sont inférieures à six mois, ou, dans le cas contraire, la moitié
de leurs peines, être mis conditionnellement en liberté,
s'ils ont satisfait aux dispositions règlementaires fixées
en vertu de l'art. 1er.

« Toutefois, s'il y a récidive légale, soit aux termes
des articles 56 à 58 du Code pénal, soit en vertu de la
loi du 27 mai 1885, la durée de l'emprisonnement est
portée à six mois, si les peines sont inférieures à neuf
mois et aux deux tiers de la peine dans le cas contraire. »

D'où, deux conditions :

1° Avoir accompli une partie déterminée de la peine ;
2° Avoir satisfait aux dispositions règlementaires
fixées en vertu de l'article premier.

1° Avoir accompli une partie déterminée de la peine.

Cette première condition a pour but d'assurer l'effet
exemplaire de la peine. Sans doute, l'exemple résulte
surtout de la sévérité de la condamnation ; il importe
néanmoins que l'impression produite ne soit point
amoindrie par la perspective trop prochaine de la possibilité d'un adoucissement considérable de la peine.
Mais l'organisation de cette condition, la détermination
du minimum d'exécution effective constitue un point
délicat, à cause de l'exagération dans l'un ou l'autre

sens qu'il convient d'éviter. Voyons comment la question a été résolue par la loi de 1885.

L'article 2 distingue d'abord entre :

A) Les condamnés non récidivistes (§ 1).
B) Les condamnés récidivistes (§ 2).

A) *Condamnés non récidivistes.*

Nouvelle division, d'après le texte du § 1 :

a) Condamnés à moins de six mois ;
b) Condamnés à six mois et au-dessus.

a) *Condamnés à moins de six mois.*

Ces condamnés peuvent obtenir la libération conditionnelle après avoir accompli trois mois d'emprisonnement.

« Tout condamné, portait l'article 6 de la proposition Bérenger..... peut, à titre d'épreuve, être mis conditionnellement en liberté, si la durée de la peine prononcée est d'au moins six mois et s'il en a subi plus de la moitié[1]. »

---

1. Offic. Sén. sess. extraord. 1882, ann. 235, p. 258.

Cette disposition fixait, par conséquent, à trois mois la durée minimum de l'emprisonnement effectif, mais la libération conditionnelle ne pouvait être accordée aux condamnés à moins de six mois. Les condamnés à quatre et cinq mois devaient donc subir intégralement leur peine, tandis que trois mois d'emprisonnement rendaient libérables les condamnés à six mois.

La Chambre, ayant, sur l'initiative de Mᵍʳ Freppel, supprimé l'exception de l'article 6, devenu l'article 2 du projet, le Sénat, s'inspirant d'un avis émis par M. Herbette, lors de la première discussion et d'un amendement présenté à la Chambre des Députés par M. Ténot [1], étendit la libération conditionnelle aux condamnés à moins de six mois, mais à plus de trois mois d'emprisonnement, sous réserve de l'exécution effective de la peine pendant les trois premiers mois.

Cette disposition du § 1ᵉʳ de l'art. 8, sorte de transaction entre le Sénat et la Chambre, a fait disparaître l'anomalie résultant de la disposition primitive, mais elle ne satisfait pas pleinement, car elle traite le condamné à six mois avec plus de faveur que le condamné à quatre et cinq mois, conséquence il est vrai peu importante en pratique, et que l'usage de la condamnation conditionnelle viendra encore atténuer.

Pour rétablir l'équilibre entre ces deux catégories de condamnés, il eût fallu déterminer la durée de l'exécution effective sans tenir compte des trois premiers mois de la peine.

---

1. Offic. ses. ord. 1885. Chambre, p. 832,

b) Condamnés à six mois et au-dessus.

Ces condamnés ne peuvent obtenir la libération conditionnelle qu'après avoir accompli la moitié de la
peine.

La plupart des législations étrangères exigent pour
la mise en liberté conditionnelle, outre un minimum de
durée effective, l'exécution des trois quarts de la peine ;
nous pouvons citer l'Angleterre, le canton du Tessin,
l'Allemagne, les Pays-Bas, la Hongrie, l'Italie. Il
suffit des deux tiers dans le canton de Lenzbourg [1].

Lors de l'enquête de 1872, quelques cours d'appel
donnèrent leur avis sur cette question. Bourges conseillait les trois quarts, mais subis en cellule, Angers
les deux tiers ou les trois quarts, Orléans les deux tiers,
Poitiers la moitié, Toulouse les quatre cinquièmes, les
tribunaux de ce ressort avaient varié entre la moitié et
les trois quarts [2]. Le projet de MM. de Bosredon et
Fournier, présenté à la commission d'enquête, se con-
tentait d'une année d'exécution effective [3].

Au congrès de Stockholm, Mme Conception Arenal
exposa la nécessité d'imposer au condamné l'accomplissement de la majeure partie de la peine, les neuf

---

1. Beltr. Scal., Rif. pénit., p. 355 et p. 360. — Art. 23, code pén.
All. — Art. 15, c. p. P.-B. — Art. 48, C. p. hongr. — Art. 16, § 1,
c. p. ital. — Enq, parlem., T. ı, p. 315.

2. Enq. parlement., T. v, p. 370, ıv; p. 27, v, pp. 152, 488, 273.

3. Art. 5, Enq. parlem , T. ıı, p. 475.

dixièmes, par exemple, afin de déjouer les calculs de l'hypocrisie [1].

M. Beltrani Scalia se montre partisan de l'exécution des quatre cinquièmes [2].

Quant à M. Bonneville de Marsangy, il distingue selon le degré de la peine et propose les trois quarts pour l'emprisonnement, les quatre cinquièmes pour la réclusion, les cinq sixièmes pour les travaux forcés [3].

Le canton de Zurich et le Danemarck ont aussi adopté une détermination proportionnelle, prenant pour base non le degré, mais la durée de la peine. Dans le canton de Zurich, la proportion varie de un sixième (un à deux ans) à un tiers (six à quinze ans), au Danemarck de un septième (sept à huit ans) à un tiers (à partir de seize ans) [4].

Pour nous, qui nous basons sur le minimum de temps approximativement nécessaire à l'action de la peine, le *quantum* de l'exécution effective devrait être au contraire d'autant moins élevé que la peine est plus longue. Aussi adopterons-nous de préférence le système du *quantum* invariable, quel que soit le degré ou la durée de la peine. Le *quantum* fixé par la loi de 1885, d'après la règle établie par la pratique en matière de grâce, paraît correspondre au minimum nécessaire à l'action de l'exemple, de l'expiation et de l'amendement.

---

1. Desportes et Lefébure. La science pénit. au Cong. de Stock., p. 210.

2. Du moins en Italie, Rif. pénit., p. 340.

3. Instit. complém. p. 218.

4. Beltr. Scal., p. 353 et p. 361.

La loi n'eût-elle tracé aucune limite, il eût été rare de voir accorder la libération conditionnelle avant l'expiration de la moitié de la peine. Mais un minimum plus élevé nous semble dépasser le but et entraver, sans motif, vu son caractère de pure faveur, l'application de la libération conditionnelle.

Nous jugeons également défectueux un minimum moindre. Le projet de loi belge exigeait l'accomplissement de la moitié de la peine. En abaissant au tiers ce minimum (art. 1, § 1), malgré les observations du ministre de la justice, la Chambre n'a pas, d'après nous, suffisamment tenu compte de l'exemple [1].

b) *Condamnés récidivistes.*

L'art. 2, § 2, porte pour les récidivistes le *quantum* de l'exécution effective à six mois ou aux deux tiers, selon qu'il s'agit d'une peine inférieure ou supérieure à neuf mois.

Même disposition dans la loi belge, au fond cependant plus sévère, à cause du minimum du tiers établi pour les délinquants ordinaires (art. 1, § 2).

Nous avons repoussé l'exception, qui résulte du minimum fixe de six mois, comme toute exclusion des récidivistes du bénéfice de la libération conditionnelle; nous acceptons au contraire l'élévation de la période d'exécution effective, car elle n'écarte pas systémati-

---

1. Pas. pp. 230, 254 et suiv.

quement de la libération conditionnelle une catégorie
de délinquants, mais assure l'efficacité de la peine.

Ce surcroît de rigueur se justifie par la gravité
exceptionnelle de la rechute, qui appelle une répression, en tous points plus énergique.

Comment faut-il calculer le *quantum* de l'exécution
effective?

Deux questions.

1° Doit-on tenir compte des commutations et réductions de peine?

2° Doit-on totaliser les peines qui ne se confondent
pas?

1° *Doit-on tenir compte des commutations et réduc-tions de peine?*

Les commutations et réductions de peine doivent
compter. M. Herbette, commissaire du gouvernement,
l'a déclaré lors de la discussion au Sénat [1]. Cette
solution découle, d'ailleurs, de l'effet de la grâce qui
modifie, dans sa durée ou sa nature, la peine jugée ou
devenue trop sévère.

Elle s'impose *a fortiori*, quand la réduction résulte
non plus d'une remise gracieuse, mais d'une sorte de
compensation légale, par suite de l'exécution de la
peine sous un régime plus rigoureux, comme la réduction du quart accordée en vertu de la loi du 5 juin 1875

---

1. Offic. sess. ord. 1884, Sén., p. 762.

aux détenus qui subissent l'emprisonnement en cellule, soit obligatoirement, soit sur leur demande.

La loi belge de 1888 consacre dans un article spécial (art. 2) cette combinaison de la libération condition-nelle et de la réduction du quart établie en Belgique par la loi du 4 mars 1870 sur le régime cellulaire [1]. La loi belge et la loi française exceptent du bénéfice de la réduction les condamnés à trois mois et au-dessous.

Mais, aux termes de la loi belge, la réduction se calcule, abstraction faite des trois premiers mois, tandis qu'elle porte chez nous sur l'ensemble de la peine. Cette inégalité de traitement, déjà sensible dans les limites de l'application de la loi de 1875, peut être con-sidérablement aggravée par le jeu de la libération conditionnelle. Prenons, par exemple, un condamné à huit mois de prison : l'exécution obligatoire en cellule réduit de plein droit la peine à six mois ; si le détenu se conduit d'une manière irréprochable, il pourra être libéré en même temps que le condamné à trois mois, comme lui d'excellente conduite et soumis également au régime cellulaire.

L'article 2, § 1 de la loi de 1885 exige en termes formels trois mois au moins d'exécution effective, par conséquent la libération exceptionnelle n'est point ac-cessible au détenu dont l'emprisonnement est réduit à trois mois, même en vertu de la loi de 1875, bien que cette loi établisse une équivalence entre les trois quarts

---

1. Un projet de loi du 2 juillet 1889 supprime en principe cette réduction, mais la maintient en matière de libération conditionnelle.

de la peine exécutée en cellule et sa totalité subie
d'après le régime en commun (*Idem*, loi belge,
art. 2).

2° *Doit-on totaliser les peines qui ne se confondent pas ?*

Cette question, vu le petit nombre et la nature des
exceptions à la règle du non-cumul des peines appartient presque au domaine de la théorie. Il faut, en outre, pour qu'elle présente quelque intérêt, que l'une des
peines au moins soit sensiblement inférieure à six mois.

L'article 6 de la proposition Bérenger, reproduit en
substance par l'article 2 du premier projet de la commission, n'envisageait que l'hypothèse d'une seule
peine[1].

M. Herbette ayant posé la question au Sénat, lors de
la première délibération, M. Bérenger répondit que la
règle du non-cumul la rendait peu pratique[2].

Mais la commission ajouta aux mots « tout condamné
à une (peine) » de l'article 2 les mots « ou à plusieurs
peines, » et qui se retrouvent dans le texte définitif et
indiquent clairement, étant donnée la suite de la disposition, que les peines cumulées doivent être totalisées
pour le calcul de la durée de l'exécution effective[3]. La
loi belge emploie la même formule (Art. I, § 1).

1. Offic. ses. extr. 1883, Sen. ann. 235, p. 258.

2. Offic. sess. ord. 1884, Sén., p. 763.

3. Cette disposition est devenue plus pratique par suite de l'introduction dans notre législation pénale du système des condamnations
conditionnelles (Loi du 26 mars 1891, art. 1er, § 3).

Cette solution est le corollaire du motif pour lequel
le législateur a subordonné à trois mois d'emprisonnement au moins l'obtention de la libération conditionnelle. La loi considère ce laps de temps comme un
minimum indispensable à l'action de la peine. Mais
pourvu que ce minimum soit rempli, peu importe qu'il
s'agisse d'une seule peine ou de plusieurs peines cumulées. Il serait illogique de restreindre ou de refuser la
libération conditionnelle, sous prétexte qu'en raison du
cumul chaque peine doit conserver son entière indivi-
dualité.

2° *Avoir satisfait aux dispositions règlementaires*
fixées en vertu de l'article premier.

Article premier. — « Un régime disciplinaire, basé
sur la constatation de la conduite et du travail, sera
institué dans les divers établissements de France et
d'Algérie, en vue de favoriser l'amendement des condamnés et de les préparer à la libération conditionnelle. »

La proposition Bérenger confiait à l'administration
le soin d'organiser ce régime disciplinaire[1]. Le Sénat,
sur la demande de sa commission, décida, pour se conformer à l'usage, qu'il serait statué, en cette matière,
par un règlement d'administration publique, encore
attendu[2].

---

1. Offic. sess. extr. 1882, Sén. ann. 235, p. 258.
2. Offic. sess. ord. 1884, Sén., p. 761.

Il n'existe actuellement dans nos prisons qu'un dossier individuel constatant la conduite et le travail du
condamné.

Ce dossier a pour point de départ les renseignements
fournis par le parquet, dès que la condamnation est
devenue définitive, sur les condamnations antérieures,
l'état civil, la profession, les moyens d'existence, le
degré d'instruction, de religion, la conduite et la moralité, la nature du crime ou du délit, les circonstances
propres à mettre en relief l'audace ou la perversité, et
l'attitude soit pendant l'instruction soit à l'audience.

Un tel mode de constatation est loin de répondre à
l'intention de la loi du 14 août 1885. L'article 1er
prescrit et l'article 2 suppose un relevé plus précis,
de nature à donner non une idée vague, un résumé
approximatif, mais une mesure exacte, un état fidèle
du nombre, de l'intensité, de la continuité des efforts
réalisés, une comptabilité morale quotidienne de la
conduite et du travail, suivant la pratique de plusieurs
pays.

Après avoir assuré l'effet exemplaire de la peine
par un minimum d'exécution effective, la loi s'est à
bon droit préoccupée de garantir son efficacité sous le
rapport de l'expiation et de l'amendement au moyen
d'un minimum d'efforts, niveau moral, au-dessous
duquel le condamné n'offrant pas de dispositions assez
sérieuses pour la vie régulière et n'ayant point d'ailleurs suffisamment racheté sa faute, ne pourra utilement aspirer au bénéfice de la libération conditionnelle.

Ainsi se trouve sauvegardée par cette double limitation la condition essentielle de la libération condition-

nelle. Cependant, si une réglementation est indispensable, elle ne doit pas excéder les strictes exigences de l'expiation, de l'amendement et de l'exemple. Aussi la loi a-t-elle négligé avec raison une troisième condition proposée par M. Bonneville de Marsangy dans son Traité des institutions complémentaires du régime pénitentiaire [1], la caution morale. Il ne faut pas certainement perdre de vue dans les décisions de libération conditionnelle la situation réservée au libéré à sa sortie de prison, car de cette situation dépend en grande partie la durée de l'amendement. Mais la loi n'a point à intervenir en pareille matière, puisqu'il s'agit d'une simple précaution, d'un moyen de favoriser l'efficacité de la libération conditionnelle, une fois le triple but de la peine obtenu.

§ 4. — *Procédure.*

Elle est réglée par deux circulaires ministérielles en date du 25 mai 1886 et du 10 juillet 1888 [2].

L'enquête s'ouvre soit sur la demande du détenu, soit sur l'initiative du directeur de l'établissement pénitentiaire, soit même sur la proposition du parquet du lieu de condamnation ou du lieu de détention. La loi assignant aux directeurs un rôle purement consultatif au

1. P. 217.
2. Offic. 15 juin 1890, pp. 2807 et 2811.

point de vue de la mise en liberté conditionnelle, la circulaire du 10 juillet 1888 leur interdit d'empêcher ou
d'écarter toute demande régulière.

Après délibération de la commission de surveillance
et revêtue de son avis, la demande ou proposition doit
être transmise d'une part au préfet du département, de
l'autre au parquet près le tribunal ou la cour qui a
prononcé la condamnation, sous forme de notice individuelle détaillant la situation pénale du condamné,
ses droits à la libération conditionnelle et les ressources
sur lesquelles il peut compter dans la vie libre.

A l'expédition destinée au préfet se joignent les documents complémentaires du dossier : « copies de l'extrait
judiciaire, notices délivrées par le parquet lors de la
condamnation et résumant les faits qui l'ont motivée,
enfin toutes pièces et notes justificatives, » documents
nécessaires pour guider l'autorité administrative dans
ses informations.

Le parquet et le préfet émettent chacun leur avis,
conformément à l'artice 3, § 2.

Prescrite par la loi de 1885, facultative seulement
dans certains pays, comme en Belgique [1], l'intervention
de l'autorité administrative, représentée chez nous par
les préfets, a plus spécialement pour but de contrôler
les allégations du condamné au sujet de ses moyens
d'existence, du concours de la famille, des dispositions
de ses protecteurs. Les observations de l'autorité préfectorale sont donc surtout importantes au point de vue

---

1. Arrêté roy. du 1er août 1888, art. 6. (Pas., p. 304.)

de la détermination des conditions particulières de la libération conditionnelle.

Le dossier est ensuite soumis à un comité spécial, siégeant au ministère de l'intérieur, sous la présidence du directeur de l'administration pénitentiaire. Ce comité, constitué le 16 février 1888, se compose de huit membres répartis entre les trois branches d'administration intéressés, proportionnellement à l'influence que chacune de ces administrations doit exercer dans les décisions de libération conditionnelle [1].

Il examine, il discute, il juge les demandes et rend un avis tendant soit à leur admission, soit à leur rejet, soit à leur ajournement.

Dans le cas de rejet ou d'ajournement, la décision est portée à la connaissance du préfet et du parquet consultés et la procédure est close.

Si le comité se prononce pour l'admission, les autorités dont l'avis a été requis sont alors informées, ainsi que le préfet et le parquet de la résidence choisie, qui reçoivent une feuille de renseignements concernant la situation du libéré et les conditions spéciales ajoutées aux conditions ordinaires de l'arrêté.

La libération conditionnelle est mentionnée au casier judiciaire par les soins du parquet près le tribunal ou la cour de condamnation.

La notification de l'arrêté est faite par le chef de de l'établissement pénitentiaire en présence de deux

1. Six membres appartiennent à l'administration des prisons, un membre représente le département de la justice, et un membre la sûreté générale.

témoins majeurs, étrangers à sa famille et au personnel
de la prison. Ces témoins, que les instructions ministérielles recommandent de renouveler et de prendre de
préférence parmi les membres des commissions de surveillance ou des sociétés de patronage, sont désignés
par le préfet ou, en vertu de sa délégation, par le chef
de l'établissement pénitentiaire.

Après lecture du texte du titre premier de la loi du
14 août 1885, il doit être demandé au détenu s'il entend
accepter le bénéfice de la libération conditionnelle et se
soumettre à ses obligations. On ne peut voir dans ces
deux formalités, l'assistance de témoins et l'interpellation adressée au détenu, les indices d'un contrat entre
l'administration et le libéré. L'interpellation s'explique
par le souci d'attirer l'attention du condamné sur sa
nouvelle situation, afin d'éviter un malentendu, précaution particulièrement utile quand une demande de
grâce aboutit à la libération conditionnelle. L'assistance
des témoins est un contrôle dans l'intérêt de la société
et du libéré. D'ailleurs, tandis que tout changement
dans les clauses d'un contrat nécessite le consentement
des deux parties, l'administration a le droit incontestable de modifier les conditions de l'arrêté de libération
et même de les rendre plus onéreuses, sans le concours
du libéré conditionnel.

La lecture de l'arrêté de libération suit la réponse
affirmative du détenu. S'il s'élève quelque difficulté ou
réclamation, le chef de l'établissement pénitentiaire
doit en référer immédiatement au ministre, seul compétent pour statuer.

Le détenu, les témoins, le directeur signent ensuite
le procès-verbal rédigé en trois exemplaires, dont un

est conservé au greffe, le second remis au libéré et le troisième envoyé à la direction de l'administration pénitentiaire avec un double du signalement anthropométrique.

Avis de l'exécution de l'arrêté ministériel est aussitôt donné au préfet du département et à celui de la résidence.

La circulaire du 10 juillet 1888 s'est efforcée d'abréger la durée de cette procédure par la suppression de tout intermédiaire hiérarchique dans les rapports des diverses autorités intéressées, au point de mettre les parquets en communication directe avec le ministère de l'intérieur. Elle recommande également aux chefs d'établissements pénitentiaires de ne pas attendre pour commencer les enquêtes afférentes aux courtes peines l'expiration de la période d'exécution effective. D'ailleurs, en cas d'urgence, le ministre statue directement, sans l'intervention du comité [1].

§ 5. — *Des effets de la libération conditionnelle.*

Etudions d'abord ses effets généraux.

La libération conditionnelle rend au condamné sa liberté d'action. Dès lors, l'interdiction légale, conséquence de la privation de la liberté, perdant sa raison

---

1. Du 23 fév. 1888 au 1er janv. 1890, le ministre de l'intérieur a prononcé directement 79 libérations conditionnelles.

d'être, le libéré doit reprendre la gestion de son patrimoine.

Mais la libération conditionnelle n'est pas, comme la libération définitive, l'extinction de la dette contractée envers la société, elle n'affecte que le paiement facilité sous certaines conditions. Pour que l'administration puisse s'assurer de l'exécution de ces engagements, le droit de surveillance s'impose. Il se retrouve dans toute loi sur la libération conditionnelle. Néanmoins, si la surveillance apparaît indispensable dans l'intérêt de la justice et de l'ordre public et si elle doit s'exercer d'une manière sérieuse, afin d'inspirer aux libérés une crainte salutaire, il faut surtout qu'elle soit discrète sous peine de nuire au reclassement et de compromettre par suite l'amendement obtenu.

L'art. 6, § 1er de la loi du 14 août 1885, établit la surveillance en ces termes :

« Un règlement d'administration publique détermi- nera les formes des permis de libération, les conditions auxquelles ils peuvent être soumis et le mode de surveil-- lance *spéciale* des libérés conditionnels. »

En la qualifiant de spéciale, M. Bérenger avait entendu spécifier que « cette surveillance ne devait avoir aucun rapport avec la surveillance de la haute police »[1]. La loi du 28 mai 1885 (art. 19) ayant substi- tué à la surveillance de la haute police l'interdiction de séjour, il semble que le législateur ait voulu insister, par le maintien de cette qualification, sur le caractère

---

1. Offic. sess. extr., 1883, Sén. ann., n° 149, p. 1190.

délicat de la surveillance applicable à la libération conditionnelle.

Le régime de surveillance, actuellement imposé au libéré conditionnel, en vertu de la circulaire ministérielle du 25 mai 1886 [1], à défaut du règlement d'administration publique prévu par l'art. 6, § 1er, n'est et ne pouvait être qu'une réduction de la surveillance de la haute police.

Le libéré doit se rendre, dans un certain délai, qui varie de deux jours à un mois, au lieu de sa résidence dont le choix lui appartient sous certaines réserves. Surveillé discrètement par les agents administratifs et le parquet, il ne peut se transporter ailleurs soit définitivement soit pour une longue période, sans avoir *averti* l'autorité préfectorale au moins quatre ou huit jours auparavant, selon que le déplacement s'effectue dans ou hors les limites du département. Les déplacements urgents ou de courte durée sont en principe dispensés de cette déclaration préalable. Aux termes de l'art. 44, aujourd'hui abrogé, du Code pénal, relatif à la surveillance de la haute police, les préfets n'étaient compétents en matière de résidence qu'exceptionnellement dans les limites de leur département et à titre provisoire dans les cas d'urgence. L'*autorisation* devait être demandée au moins huit jours à l'avance et le libéré ne pouvait changer de domicile qu'après un délai de six mois.

L'arrêté de libération défend au libéré conditionnel de paraître dans certains lieux qu'il détermine. L'in-

1. Offic. 11 juin 1890, p. 2807.

fraction à cette interdiction de séjour administrative exposerait simplement son auteur à la révocation [1].

En Angleterre, où la surveillance a été établie à l'égard des porteurs de tickets *of leave* en 1864 [2], et réorganisée par le bill du 21 août 1871, le libéré conditionnel est soumis à la résidence avec obligation de se présenter tous les mois devant le chef de la police [3].

L'arrêté royal du 1er août 1888, rendu en exécution de la loi du 31 mai, a organisé en Belgique un régime de surveillance analogue au nôtre.

La surveillance directe, même la plus discrète, s'adapte mal à la libération conditionnelle. Elle doit à son caractère officiel d'être en même temps qu'une humiliation une menace constante pour le crédit du libéré. La police anglaise a de bonne heure trouvé la solution qui convient à cet état de choses en se déchargeant, selon l'expression consacrée [4], de la surveillance sur les sociétés de patronage. Cette surveillance médiate, plus efficace peut-être que la surveillance directe, à cause du respect qu'inspirent ceux qui l'exercent, transforme une dépendance odieuse et gênante en une direction toute paternelle. Elle se confond avec

1. En Angleterre, en vertu du bill du 21 août 1871, le libéré provisoire qui manque à une des conditions imposées, est passible d'un emprisonnement de trois mois au plus, avec ou sans travail forcé (Annuaire de Législation étrangère, 1872, p. 66).

2. D'après le système pratiqué en Irlande en vertu d'un arrêté du vice-roi, depuis le 1er janvier 1857.

3. Annuaire de Législation étrangère, 1872, p. 66.

4. Enq. parlem., T. v, p. 486.

le patronage, dont elle fortifie l'action et supprime par le fait tout risque de préjudice pour le libéré.

Aussi la loi de 1885, après avoir consacré le principe de la surveillance, autorise-t-elle l'administration à se servir de l'intermédiaire des sociétés de patronage, comme l'avait conseillé la Cour de Poitiers en 1872 [1].

Le § 2 de l'article 6 est ainsi conçu :

« L'administration peut charger les sociétés ou institutions de patronage de veiller sur la conduite des libérés qu'elle désigne spécialement et dans les conditions qu'elle détermine. »

Il résulte de cette disposition :

1° Que la délégation de la surveillance doit faire pour chaque libéré l'objet d'une décision particulière;

2° Que l'administration a le droit de fixer les conditions de la surveillance.

La proposition Bérenger semblait admettre la délégation en bloc de la surveillance à chaque société de patronage reconnue [2].

La commission du Sénat a utilement précisé l'étendue de cette disposition [3], car il faut que l'administration puisse surveiller elle-même certains libérés, suspendre sans bruit la délégation dans le cas où une société de patronage lui paraîtrait insuffisante ou si elle estime le nombre des libérés confiés à sa surveillance trop considérable; enfin tracer la voie à suivre et la modifier librement s'il y a lieu. Sans

---

1. Enq. parlem., loc. cit.
2. Offic. sess. extr. 1882, ann. 235, p. 258.
3. Offic., sess. ord. 1884, Sénat, p. 769.

doute, la délégation en bloc n'eût pas affranchi les sociétés de patronage de la direction et du contrôle administratifs, mais leur intervention aurait pu se transformer à la longue en une sorte de droit et donner naissance à des conflits regrettables.

La société de patronage est, en vertu de la délégation, l'intermédiaire entre l'administration et le libéré. Elle doit tenir l'administration au courant de la conduite du libéré et provoquer, au besoin, la révocation.

Malheureusement, les sociétés de patronage sont encore trop peu nombreuses en France pour que ce mode de surveillance reçoive l'extension désirable.

La surveillance cesse au moment où la libération devient définitive, à moins que la relégation n'ait été encourue. A la surveillance peut succéder l'interdiction de séjour, d'après les règles du Droit commun, si cette peine accessoire a été prononcée par les juges [1].

La libération conditionnelle produit en outre un effet spécial aux récidivistes condamnés à la relégation.

La dispense de la relégation apparaît comme le corollaire de la libération conditionnelle. Réléguer un libéré conditionnel, qui n'a pas cessé de se bien conduire, serait un non sens, car la libération conditionnelle suppose l'amendement, tandis que la relégation vise les incorrigibles. De ces deux institutions, l'une a pour but le reclassement du condamné susceptible

---

1. On pourrait ajouter que la libération conditionnelle empêche la prescription de la peine de se produire. Cette précision, qui fait l'objet d'un article spécial dans la loi Belge (art. 7, § 1), est inutile, en raison de la nature de la libération conditionnelle, simple mode d'exécution.

d'adaptation à la vie sociale, l'autre le déclassement
d'un élément jugé réfractaire à toute éducation morale,
la mise hors de la société de l'individu foncièrement
nuisible. Par conséquent, puisque la libération conditionnelle était rendue accessible à toutes les catégories
de récidivistes, il fallait compléter l'œuvre en dispen-
sant de la relégation les libérés conditionnels qui
pourraient l'avoir encourue.

A cet effet, une disposition spéciale n'était pas en
somme indispensable. La remise par voie de grâce de
l'article 15 de la loi du 28 mai 1885, qui a établi la
relégation, aurait pu suffire. Mais la grâce, en raison
de son caractère exceptionnel et irrévocable, convenait peu à la libération conditionnelle. C'était un mode
de dispense à la fois trop étroit et trop large. Trop
étroit, en ce qu'elle exige l'intervention du chef de
l'Etat et constitue un acte de démence, tandis que la
dispense de la relégation doit être liée à la libération
conditionnelle dont elle découle, par conséquent dépendre de la même autorité et ne pas affecter la forme
d'une faveur puisqu'elle est au fond la reconnaissance
d'un droit. Trop large, à cause de son irrévocabilité,
car ce droit acquis par suite de la libération conditionnelle, n'est pas un droit à la remise de la relégation,
mais simplement à la continuation pour cette peine
accessoire du mode d'exécution de la peine principale,
c'est-à-dire à une suspension conditionnelle de la relégation. La dispense par voie de grâce peut être appliquée, à titre exceptionnel, comme récompense d'une
excellente conduite pour sanctionner un amendement
manifeste, mais il est logique qu'en règle générale la
société conserve jusqu'au bout ses garanties à l'égard

de délinquants que des condamnations antérieures rendent suspects malgré leur retour au bien. Cette libération conditionnelle de la peine accessoire succédant à la libération conditionnelle de la peine principale présente l'avantage de prolonger la bonne influence de l'administration et du patronage sur des natures affaiblies par l'habitude du délit et de restreindre les chances de la simulation plus répandue et plus affinée dans la classe des récidivistes.

Aussi voyons-nous, après le vote définitif de la loi sur la relégation, le Gouvernement présenter, par l'intermédiaire de la Commission, à la Chambre, qui discutait alors la proposition Bérenger [1], la disposition suivante devenue le § 5 de l'article 2 de la loi du 14 août 1885.

« Au cas où la peine, qui aurait fait l'objet d'une décision de libération conditionnelle, devrait être suivie de la relégation, il pourra être sursis à l'exécution de cette dernière mesure et le condamné sera en conséquence laissé en France, sauf droit de révocation, ainsi qu'il est dit au présent article. »

Cette disposition dénature par son caractère facultatif, d'ailleurs sans portée pratique, la dispense de relégation qui convient à la libération conditionnelle. Pourquoi ce mot « pourra » ? Le relégable libéré conditionnel n'a donc pas la certitude de n'être point traité comme un incorrigible au moment de sa libération définitive, bien que jusqu'à cette époque il n'ait cessé de mériter la confiance de l'administration. Rien de

----

1. Offic. sess. ord. 1885, p. 832.

plus illogique, de moins juste; il est naturel que la dispense de la relégation résulte en quelque sorte de plein droit d'une libération conditionnelle menée à bonne fin.

La relégation est perpétuelle. On ne pouvait cependant laisser toute sa vie le libéré conditionnel relégable sous le coup de cette peine accessoire. Il fallait l'affranchir au bout d'un certain temps d'un bonne conduite soutenue, la preuve de l'amendement étant désormais acquise. Le § 5 de l'article 2 est complété dans ce sens par une disposition que nous étudierons dans la section suivante, au paragraphe relatif à la durée de la faculté de révocation.

SECTION II

RÉVOCATION DE LA LIBÉRATION CONDITIONNELLE

§ 1. — Causes de révocation.
§ 2. — Qui peut prononcer la révocation?
§ 3. — Effets de la révocation.
§ 4. — Durée du droit de révocation.

§ 1. — *Causes de révocation.*

Le droit de révocation est la caractéristique de la libération conditionnelle, le régulateur qui en assure

l'efficacité. Garantie pour la société contre un amendement simulé ou insuffisant, moyen de ployer vers le
bien des natures qui, sous l'action de certaines influences, pourraient dévier si elles n'étaient contenues par
cette menace ; il faut qu'il soit assez étendu, assez com-
préhensible pour enlever aux mauvais penchants toute
espérance d'impunité. D'autre part, il est nécessaire de
mettre le libéré conditionnel à l'abri d'un trouble injuste.
Il faut qu'il sache sa liberté étroitement mais sûrement
liée à sa bonne conduite, qu'il se sente sous la main
mais non à la merci de l'administration.

Il importe donc que le droit de révocation soit minu-
tieusement réglé et sa sphère d'action suffisamment cir-
conscrite pour éviter des tâtonnements regrettables
qui pourraient, suivant les cas, se traduire par la faiblesse ou l'injustice.

La révocation doit résulter de la preuve du défaut
ou de l'insuffisance de l'amendement.

Or, cette preuve peut être directe ou indirecte.

D'où deux ordres de causes que l'on retrouve dans
toutes les législations :

La preuve directe, qui ressort d'une certaine manière
de se conduire, principalement d'un nouveau délit.

La preuve indirecte, conséquence de l'inobservation
des conditions prescrites pour faciliter le contrôle de
l'amendement du libéré.

Quant à ce second ordre de causes, il ne peut donner
lieu à aucune difficulté, l'inobservation des conditions
étant l'inexécution d'obligations nettement délimitées.

Mais où les dangers d'abus apparaissent, c'est dans
la détermination de cette manière d'agir qui doit déno-
ter le mauvais état moral du libéré et provoquer sa

réintégration, car il ne faut pas attendre un nouveau délit pour révoquer la libération conditionnelle ; elle doit tomber dès que le libéré s'expose à devenir délinquant.

L'article 6, alinéa 2, de la proposition Bérenger portait :

« Cette mise en liberté peut être révoquée en tout temps si le condamné se conduit mal [1]. »

Formule trop large et par conséquent vague, qui mène facilement à l'arbitraire, comme nous le montrerons plus loin.

La commission préféra l'expression « inconduite notoire ». Notoire, c'est-à-dire ayant une publicité, mais une publicité peu étendue. Demi-remède que cette restriction, à cause du caractère mal défini de la notoriété.

Au cours de la discussion au Sénat, M. Herbette demanda, pour plus de précision, la substitution du mot « indignité » à « inconduite notoire » [2]. C'était, nous semble-t-il, faire un pas en arrière et revenir, sous une forme différente, à l'indécision de la première formule.

Cette expression, combattue par M. Bérenger, ne fut pas acceptée et, lors de la deuxième délibération, le Sénat admit une rédaction nouvelle, proposée par la commission et passée dans le texte définitif du § 3 de l'article 2 ainsi conçu :

« La mise en liberté peut être révoquée en cas d'inconduite habituelle et publique dûment constatée ou

---

1. Offic. sess. ord. 1882, Sénat, ann. 235, p. 258
2. Offic. sess. ord. 1884, Sén., p. 763.

d'infraction aux conditions spéciales exprimées dans le permis de libération. »

Disons d'abord que le mot inconduite doit être pris dans le sens le plus large. Il s'applique non seulement à tous les dérèglements, mais même à la vie oisive.

Pour que l'inconduite puisse donner lieu à la révocation, trois conditions sont par conséquent nécessaires :

Elle doit être :

Habituelle, publique, dûment constatée.

Habituelle. — Ce qualificatif n'ajoute guère au mot inconduite. L'inconduite est, en effet, la résultante d'une série d'actes accomplis à des intervalles assez rapprochés ; elle suppose, par elle-même, l'habitude. Par conséquent, une seule action répréhensible ne peut servir de cause à la révocation, pourvu qu'elle n'atteigne pas au délit. Il était logique de faire la part d'une faiblesse accidentelle et sans importance. De ce qu'un libéré conditionnel s'oublie un jour jusqu'à s'enivrer, peut-on déduire qu'il n'est pas amendé et qu'il y a lieu de le renvoyer en prison ? Aussi toutes les législations étrangères dis-posent-elles, au moins implicitement, dans ce sens.

Publique. — Mais il ne suffit pas que l'inconduite soit connue d'un certain nombre de personnes, il faut qu'elle soit manifeste, qu'elle ne fasse aucun doute.

Dûment constatée. — Il est enfin nécessaire que l'autorité vérifie elle-même le bien fondé de la rumeur publique.

C'est l'intérêt du libéré, le souci d'entraver le moins possible son reclassement, qui a guidé notre législateur.

Au contraire, l'intérêt social semble avoir inspiré les autres législations.

La loi anglaise exige une certaine notoriété, mais donne au magistrat un pouvoir d'appréciation excessif.

La plupart des législations subordonnent la révocation à la mauvaise conduite, comme le Tessin [1] et les Pays-Bas (art. 15, § 2), ou, ce qui revient au même, à l'inconduite, comme l'Allemagne (art. 24) et la Belgique (art. 3) [2].

Ces formules vagues enlèvent toutes garanties aux libérés, dont le sort dépend du caprice de l'interprétation et les exposent à des vexations pénibles, car elles donnent à l'autorité le droit de scruter la vie intime, puisqu'elles n'établissent point si la mauvaise conduite doit être ou non connue du public.

Cette déduction peut paraître exagérée; elle s'appuie cependant sur une déclaration faite devant la Chambre belge par M. Thonissen, rapporteur de la loi du 31 mai 1888, qui, expliquant les motifs pour lesquels la commission avait rejeté le mot « notoire » proposé par un de ses membres, s'est exprimé en ces termes :

« Dans le cas actuel, il importe peu que l'inconduite du libéré soit ou ne soit pas connue du public. Il suffit

---

1. Beltr. Scal., Réf. pénit., p. 360.

2. Le Code pénal ital. (art. 17, § 1), ne prononce la révocation que dans le cas de second délit puni d'une peine restrictive de la liberté ou d'infraction aux conditions imposées.

Le Code hongrois paraît laisser toute latitude à la police, art. 50 : « Les libérés conditionnels sont soumis en ce qui concerne leur résidence, leur conduite et leur manière de vivre, à des règles spéciales de police. »

que, même par son attitude au sein de sa famille, il se
montre indigne de la faveur qui lui a été accordée. L'intervention du ministre de la justice, du procureur du roi
et des autorités locales donne aux libérés des garanties
suffisantes[1] ».

Garanties au point de vue de l'exercice du droit de
révocation, sans doute. Mais il n'en demeure pas moins
vrai que si l'on veut mettre en pratique la théorie de
M. Thonissen, il faudra surveiller de très près le libéré
conditionnel, lui faire sentir encore davantage le poids
déjà bien lourd de la surveillance administrative ou
transformer en police secrète les sociétés de patronage.

Et du côté de l'administration, que de tâtonnements
dans l'appréciation de la mauvaise conduite.

Du reste, les actes susceptibles d'être qualifiés inconduite, la débauche, l'ivrognerie, les fréquentations inter-
lopes, l'oisiveté, les sévices dans le ménage, tous ces
symptômes de mauvaises tendances, peuvent-ils échapper au public, ne sont-ils pas fatalement destinés,
lorsqu'ils se répètent, à éclater à court terme au grand
jour par la force même des choses ?

Par conséquent, quel besoin de s'attacher à chaque
pas du libéré, de s'emparer de ses moindres actes, alors
que cette réglementation inquisitoriale n'est d'aucune
utilité pour la société et n'a d'autre résultat que de nuire
au reclassement.

Mieux vaut, avec notre loi du 14 août 1885, attendre
la manifestation de la mauvaise conduite, à la condition
d'intervenir sans retard.

1. Pas., p. 227.

§ 2. — *Qui peut prononcer la révocation?*

« Les arrêtés de mise en liberté sous condition et de révocation, dit l'art. 3, sont pris par le ministre de l'intérieur (§ 1).

« S'il s'agit de la révocation, après avis du Préfet et du Procureur de la République de la résidence du libéré. »

Le droit de révoquer la libération conditionnelle appartient donc à l'autorité compétente pour l'accorder.

Cette solution s'impose. Elle a été cependant combattue au Sénat par M. Brunet, à l'occasion de son amendement en faveur de l'attribution du droit d'accorder la libération conditionnelle au Président de la République [1]. Partant de ce principe, que la mise en liberté modifie l'œuvre de la justice confirmée au contraire par la révocation, il conclut que ces deux droits ne doivent pas nécessairement dépendre de la même autorité et proposa, dans le cas où le ministre de l'intérieur recevrait le droit d'accorder la libération conditionnelle, de confier pour plus de garanties le droit de révocation aux tribunaux [2].

Mais nous savons que le point de départ de la théorie de M. Brunet manque de fondement. La libération conditionnelle ne modifie point l'œuvre de la justice.

1. Offic. sess. ord. 1884, Sén., p. 765.

2. V. égal., Gaz. des Trib., 11 juin 1885, p. 555.

Rapprocher de ce système, la disposition du décret réglem. du 1er déc. 1889, pour la mise en vig. du C. p. ital., du 30 juin, qui subordonne la révocation pour cause d'inobservation des conditions à l'avis conforme de la section d'accusation de la Cour d'appel du ressort de condamnation, le libéré entendu au préalable par le Procureur général.

C'est un simple mode d'exécution de la peine, une phase du traitement moral en vue de l'amendement. La mainmise de l'administration pénitentiaire ne cesse pas. Le droit de révoquer la libération conditionnelle doit donc appartenir à cette administration au même titre que le droit de l'accorder. Mais, par le fait de la mise en liberté sous conditions, le délinquant passe sous la dépendance de nouveaux agents. Nous avons dit dans la première section de ce chapitre que le droit d'accorder la libération conditionnelle devrait être en principe exercé par les directeurs de prisons, de même logiquement le droit de prononcer la révocation devrait être attribué conjointement aux fonctionnaires chargés de la surveillance du libéré, dans notre loi, le Préfet et le Procureur de la République de la résidence. En pratique, pour éviter tout conflit et donner à la révocation la garantie d'une plus haute autorité, le droit de révoquer la libération conditionnelle doit dépendre, comme le droit de l'accorder, du ministre, chef de l'administration pénitentiaire, statuant sur la proposition des agents compétents. D'ailleurs, la théorie de M. Brunet aboutirait à faire infirmer la décision d'une autorité supérieure par une autorité inférieure.

Les législations étrangères ont adopté la même règle. Nous nous contenterons de citer le Code pénal allemand (art. 24), le Code pénal des P.-B. (art. 16, § 1), et la loi belge (art. 5, loi 31 mai 1888) qui attribuent le droit de révocation au ministre de la justice chargé d'accorder la libération conditionnelle.

Il n'existe, du moins à notre connaissance, qu'une seule exception, l'Angleterre, où le juge de police peut révoquer la licence conférée par le ministre de l'inté-

rieur. Mais, en Angleterre, la révocation de la libération conditionnelle n'est pas le retrait d'une pure faveur
comme dans les autres législations ; c'est la déchéance
d'un droit, ce qui explique le pouvoir de révoquer
reconnu à l'autorité judiciaire par la loi anglaise.

La procédure de révocation exige un certain temps.
Il peut être néanmoins nécessaire de s'emparer sans
retard du libéré pour faire cesser un scandale ou pour
s'assurer de sa personne.

Aussi, la loi a-t-elle organisé, en vue de ces cas d'urgence, une intervention préventive de l'autorité, indépendante de toute décision ministérielle préalable.

L'article 4 est ainsi conçu :

« L'arrestation du libéré peut toutefois être provisoi-
rement ordonnée par l'autorité administrative ou judiciaire du lieu où il se trouve, à la charge d'en donner
immédiatement avis au ministre de l'intérieur. »

Deux autorités, par conséquent, peuvent ordonner
l'arrestation provisoire du libéré : le préfet et le procureur de la République.

« Du lieu où se trouve le libéré », ajoute l'article 4,
en prévision de la rupture de ban, la cause la plus fréquente de l'arrestation provisoire.

Cette mesure préventive, votée sans débats dans nos
deux Chambres, a été qualifiée de draconienne en Belgique, par quelques députés qui ont proposé de subordonner les décisions du procureur du roi, seul investi,
aux termes de la loi du 31 mai 1888, du droit de prononcer l'arrestation provisoire, à l'approbation de l'autorité judiciaire représentée par le juge de paix[1].

1. Pas., p. 228.

Mais n'oublions pas qu'il s'agit d'un mode d'exécution de la peine, d'une liberté essentiellement précaire,
du retrait d'une simple tolérance. Il ressort, du reste,
de l'esprit de cette disposition que le droit d'arrestation
ne doit être exercé que dans les cas d'urgence. Pour
bien marquer ce caractère et aussi peut-être pour légitimer ce pouvoir, qui tout d'abord paraît excessif, la
proposition Bérenger et le projet de la commission
portaient les mots « dans l'intérêt de l'ordre public »,
formule inutile, vu la rédaction explicite de l'article,
écartée avec raison du texte définitif.

Le système de l'intervention d'une autre autorité
présenterait l'inconvénient de ralentir et parfois d'entraver une action qui doit être immédiate, sous peine
de compromettre l'efficacité de la révocation.

Du reste, au moins en France, les causes de révocation sont suffisamment circonscrites pour qu'on n'ait
pas d'abus de pouvoir à redouter.

Enfin, le ministre compétent doit être saisi et la procédure ordinaire de révocation reprendre son cours,
aussitôt l'arrestation provisoire opérée. D'où garantie
à un double point de vue, au point de vue du bien fondé
de la cause de révocation et au point de vue de l'exercice du droit d'arrestation provisoire [1].

En Angleterre, où cependant la libération conditionnelle est un droit, le porteur de tickets *of leave* ne jouit

1. Des dispositions analogues à celles de l'art. 4 de notre loi du
14 août 1885 se retrouvent notamment dans le Code pénal hongrois
(art. 51, § 1), dans le Code pénal des Pays-Bas (art. 16, § 2) et dans
le décret règlementaire pour la mise en vigueur du Code pénal
(art. 5, § 4).

pas de la même protection. Il est permis à tout consta-
ble de l'arrêter et de le conduire devant le juge de
police, qui, sur de simples présomptions, peut le déclarer déchu de la libération provisoire [1].

§ 3. — *Effets de la révocation.*

« La réintégration, dit le § 1er de l'article 5, a lieu
pour toute la durée de la peine. »

Pareille disposition avait été conseillée par la cour
de Besançon en 1873 [2] et insérée dans le projet présenté par MM. de Bosredon et Fournier à la commission d'enquête parlementaire [3].

On ne pouvait adopter d'autre solution. La libération
conditionnelle est essentiellement subordonnée à cette
condition que le libéré prouvera son amendement par
une bonne conduite constante. Si le libéré vient à se
mal conduire, il se produit un effet résolutoire ayant
pour conséquence de rendre non avenu le temps passé
en liberté et de rétablir la situation antérieure ; le délinquant doit payer intégralement à la société la dette
que l'on croyait éteinte. C'est donc à partir du moment
de son interruption par la libération conditionnelle que
la peine doit reprendre son cours. Faire entrer en ligne

1. Annuaire de législ. étrang., 1872, p. 66.
2. Enq. parlem. T. IV, p. 105.
3. Art. 5, § 2. — Enq. parlem , T. II, p. 474.

de compte pour le calcul de la peine la période de liberté,. serait non seulement dénaturer la libération conditionnelle, mais restreindre considérablement son efficacité en favorisant l'hypocrisie.

Aussi retrouvons-nous la même disposition dans toutes les législations étrangères, l'Angleterre, l'Allemagne (art. 24, C. p.), les cantons du Tessin et de Zurich, les Pays-Bas (art. 15, § 3, C. p.), la Hongrie (art. 50, § 2, C. p.), la Belgique (art. 5, § 3, loi du 31 mai 1888), l'Italie[1] (art. 17, § 1, C. p.).

La libération conditionnelle étant un simple mode d'exécution de la peine, la détention qui résulte de l'arrestation provisoire ne peut être considérée comme préventive, bien qu'elle n'offre aucun caractère définitif et suppose une procédure préparatoire. Il suffit que la période de liberté cesse pour que la période d'exécution effective recommence aussitôt ; il ne peut y avoir de solution de continuité. D'où cette conséquence : la détention provisoire doit être imputée sur la durée de la peine, qu'elle soit ou non suivie de révocation.

La proposition Bérenger contenait une disposition relative au premier cas, disposition reproduite dans le projet de la commission et qui est devenue le § 3 de l'article 4 de la loi du 14 août 1885.

« L'effet de la révocation remonte au jour de l'arrestation[2]. »

---

1. Beltr. Scal., Rif. penit., pp. 356, 360, 361.

2. Offic. sess. extr. 1882, Sén., ann. 235, p. 258.
Le Code pénal hongrois et le Code pénal des Pays-Bas et la loi belge du 31 mai 1888, disposent dans le même sens : article 51, § 2,

Lors du remaniement du projet par la commission du Sénat en vue de la deuxième délibération, M. Herbette, commissaire du gouvernement, fit ajouter à l'article 5 un second paragraphe ainsi conçu :

« Si l'arrestation provisoire n'est pas suivie de révocation, le temps de sa durée compte pour l'exécution de la peine[1]. »

Nous ne comprenons point et nous ne rencontrons nulle part dans les travaux préparatoires le motif qui a déterminé la commission de la Chambre des députés à substituer aux mots « n'est pas suivie de révocation » les mots « est maintenue » ; en d'autres termes, à limiter l'imputation de la détention provisoire sur la durée de la peine au cas d'approbation de l'arrestation par le ministre de l'intérieur.

L'arrestation provisoire opérée sans raisons suffisantes cause au libéré un préjudice matériel et moral injuste, dont il importe de le dédommager dans la mesure du possible. Or, c'est précisément quand le motif de l'arrestation ne paraît pas fondé que la loi refuse de tenir compte de la détention provisoire.

Remarquons, cependant, que les législations étran-

C. p. hongr. « La durée de cette détention, si la liberté est retirée, sera imputée sur la peine qui reste encore à subir. »

Article 16, § 3, C. p. des Pays-Bas : « Si la révocation a lieu en conséquence, elle est censée avoir été ordonnée le jour de l'arrestation. »

Loi belge, art. 6 : « ..... L'effet de la révocation remonte, dans ce cas, au jour de l'arrestation. »

1. Offic. sess. ord. 1884, Sén., p. 875.

gères, même les plus récentes, ne déduisent la période de détention provisoire de la durée de la peine que dans le cas de révocation.

§ 4. — *Durée du droit de révocation.*

Le droit de révocation étant la caractéristique de la libération conditionnelle, traiter de sa durée, c'est traiter de la durée de la libération conditionnelle elle-même.

La loi du 14 août 1885 contient deux dispositions sur la matière :

L'une relative à la libération conditionnelle proprement dite ;

L'autre à la suspension conditionnelle de la relégation accordée au libéré conditionnel relégable qui s'est bien conduit jusqu'à l'expiration de la peine principale.

Nous allons examiner successivement ces deux dispositions :

1° Durée du droit de révocation de la libération condionnelle proprement dite.

« Si la révocation n'est pas intervenue, dit le § 4 de l'article 2, avant l'expiration de la durée de la peine, la libération est définitive. »

D'où il résulte :

a) Que le droit de révocation n'est pas perpétuel ;

b) Qu'il cesse à l'expiration de la peine ;

a) Le droit de révocation n'est pas perpétuel.

« Si cette menace est salutaire....., dit M. Guillot
dans son étude sur « Les prisons de Paris et les prison-
« niers » [1], pourquoi la faire cesser quand le temps de
la peine expire; pourquoi, par exemple, tout individu
ayant obtenu là libération conditionnelle qui serait
repris à une époque quelconque, ne devrait-il pas, cette
fois sans espoir, subir en outre de sa peine nouvelle
celle dont il avait été affranchi par une faveur immé-
ritée. »

La perpétuité du droit de révocation serait à la fois
contraire à la nature de la libération conditionnelle
et au principe fondamental de l'immutabilité des sentences définitives de la justice.

En effet, la libération conditionnelle est une épreuve.
Or, une épreuve comporte une durée plus ou moins
longue, mais elle est de son essence même transitoire.
Le droit de révocation garantit la démonstration complète — par une longue période de conduite irréprochable dans la vie libre — de la réalisation présumée du
triple but de la peine. Mais, une fois cette preuve obtenue, la peine doit cesser et la libération conditionnelle
céder la place à la libération définitive. Le droit de
révocation ne peut donc, à ce premier point de vue,
être perpétuel.

1. P. 462.

D'autre part, la libération conditionnelle constitue
un mode d'exécution de la peine. Or, imposer perpétuellement cette dépendance au libéré serait changer une
peine temporaire en une peine perpétuelle [1], modifier,
par conséquent, l'œuvre de la justice, rendre une atténuation méritée par la bonne conduite plus rigoureuse
que la peine elle-même et traiter plus sévèrement
l'amendé que l'incorrigé.

b) Le droit de révocation cesse à l'expiration de la peine.

La plupart des législations étrangères [2] limitent,
comme notre loi du 14 août 1885, le droit de révocation à la portion de peine non encore subie au moment
de la mise en liberté.

Cependant la Belgique a cru devoir conserver plus
longtemps sa garantie envers le libéré et maintenir le
droit de révocation au delà de l'expiration de la peine
pendant un temps « égal au double du terme d'incarcé-
ration que le libéré avait encore à subir à la date à
laquelle la mise en liberté a été ordonnée en sa
faveur. » Ce sont les expressions mêmes de l'article 4,
§ 1 de la loi du 31 mai 1888. On se prévaut de ce que
la libération conditionnelle est un adoucissement, une

---

1. Offic. 1885, Chambre.

2. Notamment Code pén. hongr., art. 50, § 3, C. p. des Pays-Bas,
art. 15, § 5, C. p. italien, art. 17, § 2.

tolérance subordonnée à l'observation de conditions librement acceptées par le libéré pour la faire survivre à la peine. M. Bérenger, dans sa proposition de loi, avait disposé dans le même sens pour les peines de courte durée. Aux termes du § 2 de son article 9 [1], supprimé par la commission du Sénat [2], la période de libération conditionnelle ne pouvait être inférieure à une année.

A ce système, il est bon d'opposer l'opinion émise en 1873 par la Cour de Bourges [3], qui, dans la préoccupation exclusive de la certitude de l'amendement, conseillait de limiter à deux ou trois années la durée de la libération conditionnelle.

Que faut-il décider?

La libération conditionnelle est un mode d'exécution affecté d'une condition résolutoire. Si la condition se réalise par la mauvaise conduite du libéré avant l'expiration de la peine, elle anéantit ce mode d'exécution, qui est censé n'avoir jamais existé. Mais si le libéré se conduit bien jusqu'au terme de la peine, la condition n'étant plus, dès lors, susceptible de se produire, le mode d'exécution est définitivement acquis et la peine doit être considérée comme intégralement exécutée. On ne peut arguer ni du caractère de pure faveur de la libération conditionnelle, ni de la libre acceptation du libéré pour subordonner la mise en liberté à une condition résolutoire pendant une période supérieure à

1. Offic. 1883, Sénat, sess. ord., ann. 235, p. 251.
2. Offic. sess. extr. 1883, ann. 149, p. 1189.
3. Enq. parlem., T. v, p. 370.

la durée de la peine, établissant ainsi une sorte d'équilibre entre l'exécution effective et l'exécution par
libération conditionnelle, car, dès lors, la libération
conditionnelle ne serait plus un simple mode d'exécution ; elle porterait atteinte aux décisions judiciaires.
Ce serait également modifier l'œuvre de la justice que
de faire cesser la libération conditionnelle avant l'expiration de la peine, comme le conseillait la Cour de Bourges. La grâce seule peut abréger une peine définitive.

Nous sommes donc amenés à conclure que la durée
du droit de révocation ne doit être ni supérieure, ni
inférieure, mais égale à la durée de la portion de peine
non encore exécutée au moment de l'obtention de la
libération conditionnelle.

Il ne s'ensuit pas cependant que la découverte pos-
térieure d'un délit ou d'un crime commis avant l'expiration de la peine ne puisse entraîner une révocation
rétroactive ayant pour conséquence de faire subir au
libéré cumulativement avec la peine propre au délit ou
au crime, l'arriéré de la peine primitive, car, par suite
de cette faute, la condition résolutoire s'est accomplie
en temps opportun et la libération conditionnelle, dès
lors viciée, est demeurée inefficace. La constatation de ce
vice et sa sanction peuvent donc intervenir tant que le
reliquat de la peine n'est pas prescrit. Mais la formule
de notre article 2, § 4, ne nous paraît point permettre
d'appliquer cette déduction [1]. La loi belge l'a consacrée

---

1. Art. 2, § 4 : Si la révocation *n'est pas intervenue* avant l'expiration de la durée de la peine, la libération est définitive. »
De même, C. p. hongr. (art. 60, § 3) ; C. p. des Pays-Bas (art. 15,
§ 5) ; Code p. it. (art. 17, § 2).

dans son article 4, § 2, n'admettant même pas, ce qui est excessif, que le droit de révocation puisse dans cette hypothèse être paralysé par la prescription de la peine (art. 7, § 2)[1].

2⁰ Durée du droit de révocation de la suspension conditionnelle de la rélégation.

L'article 2, § 6, est ainsi conçu :

« Le droit de révocation prendra fin, dans ce cas, s'il n'en a été fait usage pendant les dix années qui auront suivi la date d'expiration de la peine principale.

Nous devrions, semble-t-il, en vertu du principe que nous venons de poser, rejeter cette disposition, puisque la durée du droit de révocation est inférieure à la durée de la peine, la relégation étant perpétuelle. Nous l'approuverons cependant.

D'abord, il était nécessaire de dispenser de la relégation les libérés conditionnels relégables, parvenus sans s'être départis d'une excellente conduite, au terme de la peine principale, et, d'autre part, il eût été illogique autant qu'injuste de les maintenir perpétuellement sous la dépendance de l'administration.

En second lieu, il s'agit ici d'une peine accessoire, l'atteinte portée à l'œuvre de la justice est, par consé-

---

1. Art. 2, § 2 : « Toutefois, s'il était constaté ultérieurement par un jugement ou un arrêt prononcé à sa charge, que le condamné avait commis un crime ou un délit avant l'expiration de ce délai, la mise en liberté serait censée avoir été révoquée à la date à laquelle ce crime ou ce délit se trouverait avoir été consommé. »

Art. 7, § 2 : « Elle (la prescription) ne peut pas être invoquée dans le cas prévu au § 2 de l'article 4 de la présente loi. »

quent, bien légère, car ce qui constitue le fond et l'essence même de la condamnation, c'est la peine principale. Quant aux peines accessoires, elles se réduisent en
somme à des mesures préventives dans l'intérêt de la
société, mesures qui perdent leur raison d'être le jour
où l'état moral du libéré ne les justifie plus.

DEUXIÈME PARTIE

Du Patronage.

Nous diviserons cette deuxième partie, comme la première, en trois chapitres :

Chapitre premier. — Notions générales.

Chapitre II. — Historique.

Chapitre III. — Le patronage dans la loi du 14 août 1885.

CHAPITRE PREMIER

Notions générales.

‧Sous ce titre, nous examinerons :

Dans une première section, le fondement du patro‑nage ;

Dans une deuxième section, ses caractères;

Dans une troisième section, le mode d'action qui lui convient, en d'autres termes son rôle.

SECTION PREMIÈRE

FONDEMENT DU PATRONAGE

Quiconque envisage sans parti-pris la situation des libérés au sortir de la prison, ne peut s'empêcher de reconnaître son caractère critique. Beaucoup d'entre eux n'ont plus de relations avec leurs parents. Quant aux autres, la famille se montre parfois indulgente, soit que la condamnation n'ait pu relâcher les liens d'une affection profonde, soit que la faute commise ne constitue, en somme, qu'une peccadille ou, comme l'homicide involontaire pour coups et blessures, n'implique chez son auteur aucune dégradation morale. Mais, le plus souvent, la famille et les amis repoussent le malheureux qui les a couverts de son déshonneur, ou bien cette famille et ces amis sont un danger dont il importe de préserver le libéré. Le voilà donc, en général, livré à lui-même sur le pavé d'une ville avec son faible pécule pour toute ressource. Admettons que, désireux de mener une vie honnête, il cherche à se procurer du travail, tous ses efforts sont vains. Etranger, sans références, n'offrant même pas la garantie du dernier patron sur le livret d'ouvrier, il se voit naturellement éconduit, toutes ses tentatives échouent devant une défiance bien légitime. C'est d'abord le découragement dans une oisiveté qui l'expose aux pires fréquentations, puis la misère, misère terrible, parce qu'elle est sans issue, difficilement comprise de ceux qui ne manquent de rien, profondément démoralisatrice par le dénuement, l'abandon, le désespoir et le spectacle du superflu, même pour l'honnête homme, à plus forte raison pour celui dont le sens moral est faussé. Quelles que soient les résolutions inspirées au libéré par le repentir, elles sont fatalement destinées à sombrer dans cette lutte inégale, si une main charitable ne se tend vers lui pour l'aider à se relever. Cette main, ce brin de paille qui sauve la fourmi de la fable, c'est le patronage venant remplacer la famille et donner aux bonnes intentions les moyens de se réaliser.

Cependant, le patronage, malgré son apparence d'œuvre éminemment bienfaisante, a soulevé de graves objections. Ses adversaires lui reprochent d'être inutile, immoral et même dangereux.

Inutile. — Car les libérés décidés à se bien conduire n'ont nullement besoin d'assistance à leur sortie de prison. L'expérience prouve, au contraire, qu'ils repoussent tout secours. Ils se sentent assez forts, assez énergiques pour reprendre seuls leur place dans la société. Une volonté ferme vient à bout de tous les obstacles. Quant aux autres, les pervertis, les fainéants, peu d'entre eux accepteront le patronage. A quoi peut-il leur servir ? A les gêner. Ils ne veulent ni travail, ni conseils. Ils se laisseront peut-être convaincre, mais uniquement pour exploiter cette charité naïve et payer d'ingratitude l'imprudence de les avoir accueillis. En somme, le patronage est fatalement destiné à venir en aide au rebut des prisons, à faire dépenser en inutiles efforts une générosité bien précieuse qui, dirigée sur un autre terrain, pourrait rendre d'inappréciables services.

Immoral. — Pourquoi s'intéresser, en effet, au libéré, alors que tant de malheureux, honnêtes quand même, et, par conséquent, plus dignes de compassion, réclament en vain des secours ? Ne vaut-il pas mieux, puisqu'un sacrifice s'impose, abandonner le délinquant à sa misère, dont il est l'auteur, pour prêter assistance à l'honnêteté, victime de la mauvaise fortune. Aider le libéré, c'est supprimer un exemple de nature à prévenir bien des chutes ; délaisser l'honnête homme, c'est manquer à un de nos principaux devoirs. Dickens, a condensé cette objection dans un mordant dialogue, —

véritable satire — entre un malheureux et un philanthrope :

« Vous êtes recommandé par celui-ci et par celui-ci, et encore par celui-là, mais c'est beaucoup trop ! Je vous appartiens tout entier..... A quoi avez-vous été condamné ? — Condamné, dit l'autre, jamais de la vie je n'ai eu la moindre difficulté avec la justice. — Ah ! je vous en félicite de tout mon cœur ! Puis, changeant de ton : Je ne puis rien pour vous, mon bon ami, je ne m'occupe que des libérés. » — « Je ne sais, conclut Jules Simon, citant ce dialogue dans une conférence en faveur du patronage[1], si Dickens n'ajoute pas : Repassez après votre prochaine condamnation. »

Dangereux. — « Repassez après votre prochaine condamnation. » Cette spirituelle boutade est bien la meilleure formule que l'on puisse donner de la troisième objection, conséquence logique de la précédente. Les malfaiteurs sont traités avec la plus grande sollicitude, de préférence aux honnêtes gens. Qu'en résulte-t-il ? Le délit apparaît au malheureux comme le plus sûr moyen d'améliorer son sort et cette assistance maladroite le pousse à se laisser glisser sur la pente où il a déjà tant de peine à se retenir. Le patronage devient un encouragement au mal. Il faudrait le proscrire, si cette objection était fondée. Heureusement, il n'en est point ainsi. Nous allons nous en convaincre par un examen sérieux des critiques adressées au patronage.

---

1. 30 mai 1880, Bullet. Soc. génér. des prisons, 1880, p. 657.

Ses adversaires lui reprochent d'abord d'être inutile et érigent en principe que le travail ne fait jamais défaut à la bonne volonté. Sans doute, l'énergie peut beaucoup dans la recherche du travail, elle augmente par des efforts continus, par une persévérance réfractaire à tous les obstacles les chances d'aboutir, mais elle ne suffit pas. Il faut que la bonne volonté trouve un écho, que son offre soit accueillie. Or, l'étranger inspire naturellement la défiance. Si nous ne connaissons pas directement celui qui s'adresse à nous, nous voulons au moins être fixés sur sa valeur morale, soit par le témoignage d'un intermédiaire connu, soit par des certificats émanants de personnes présumées dignes de foi, où même par une constatation officielle de l'honnêteté du solliciteur, l'extrait de son casier judiciaire. Le libéré peut-il fournir de pareilles garanties? Non. Il ne peut davantage confesser sa faute. L'aveu de sa condamnation le ferait impitoyablement repousser et il aurait beau protester de son repentir, affirmer ses bonnes résolutions, il ne rencontrerait que des incrédules. Parviendrait-il, par ses efforts opiniâtres, à trouver place dans un atelier, la meilleure conduite ne le sauverait pas, si son passé judiciaire venait à être découvert. Le patron le renverrait sur le champ, ou bien les ouvriers, comme cela s'est vu, refuseraient de travailler à côté d'un camarade « repris de justice ». et, mis en quarantaine, le malheureux serait contraint de se retirer. On ne peut, par conséquent, soutenir que le libéré résolu à mener une vie honnête n'a pas besoin de patronage. Si certains, trop confiants, le refusent, au sortir de la prison, ils doivent bientôt regretter leur méprise. Du reste, les natures énergiques ne sont pas seules susceptibles d'amendement et en admettant qu'elles puissent se passer du patronage, il n'en est pas de même de ces caractères prompts à se décourager, incapables de se tirer sans assistance de ce premier pas, qui décidera peut-être de leur avenir. Par conséquent, le patronage serait-il inutile à une catégorie de libérés, il n'en serait point pour cela destiné à venir en aide au rebut des prisons.

Il n'est pas plus exact de prétendre que le patronage s'exerce au détriment de la misère honnête. Le développement du patronage date de ce siècle et jamais les malheureux n'avaient été l'objet d'une aussi grande sollicitude. Ce sera l'honneur de notre époque d'avoir suscité tant de générosité et vu naître tant d'œuvres de bienfaisance. La charité officielle et la charité privée travaillent sans relâche à étendre leurs moyens d'action. Aux hôpitaux, aux ouvroirs, aux asiles, tous les jours plus nombreux, viennent s'ajouter de nouveaux modes d'assistance. Les sociétés de secours se multiplient. Partout la charité s'organise. Dans les grandes villes, où la misère est plus profonde, que d'œuvres répondant à tous les besoins des malheureux. N'y a-t-il pas lieu d'admirer la fécondité de la bienfaisance parisienne, dont Maxime Du Camp écrit les annales ? Sans doute, malgré ses efforts, ses ressources, la charité ne peut venir à bout de soulager toutes les misères. Cependant, combien parmi les pauvres doivent leur triste situation à leur imprévoyance, à leur paresse, à leurs vices. Leur refuse-t-on des secours ? Pourquoi, dès lors, repousserait-on les libérés ? Aussi la charité ne les abandonne-t-elle pas ; ce n'est point en vain qu'ils s'adressent aux sociétés de bienfaisance. Mais ces sociétés sont impuissantes à leur donner le genre d'assistance qui leur convient. Le patronage, en concentrant tous ses efforts sur cette catégorie de malheureux, assure par une action méthodique l'efficacité de secours jusque-là le plus souvent dépensés en pure perte. C'est donc moins une charge nouvelle qu'un progrès. A mesure qu'elle se développe, la charité éprouve le besoin de diviser sa tâche, Elle s'exerce déjà sous un certain nombre de formes spéciales, le patronage est un pas de plus dans cette voie de décentralisation. En se proposant pour but le reclassement du libéré par le travail, il ne lèse en rien l'ouvrier honnête, car, non seulement à conditions égales, celui-ci sera toujours préféré, mais il trouvera dans les associations charitables pour lui faciliter son placement, si ses références ne suffisent pas, le même concours que le libéré dans les sociétés de patronage.

Par conséquent, puisque le patronage ne porte aucun préjudice à la misère honnête, on ne peut lui reprocher de l'encourager au crime et la troisième objection, la plus grave, tombe d'elle-même.

Le patronage n'est donc ni inutile, ni immoral, ni dangereux, c'est, au contraire, une œuvre juste et indispensable au bon fonctionnement de tout système pénitentiaire.

Une œuvre juste, car le défaut d'assistance équivaut pour le libéré à un supplément de peine. Il a cependant payé sa dette. Que l'on se montre inexorable à l'égard de l'incorrigé, rien de plus légitime, c'est justice. Mais, on ne peut équitablement refuser à l'amendé les moyens de regagner la confiance perdue par la condamnation. La société, en le frappant, l'a désigné au mépris public ; il est de son devoir de radier cette flétrissure une fois la faute effacée par l'expiation et le repentir [1].

Une œuvre indispensable au bon fonctionnement de tout système pénitentiaire. « Le patronage, a dit en 1839 M. de Lagrange à la Chambre des Pairs [2], est l'âme du système pénitentiaire [3] ». Pourquoi, en effet, amender le détenu, le préparer au reclassement, si la société doit lui fermer obstinément ses portes. Sauf de rares exceptions, sans le patronage, toute réforme morale deviendrait inutile et la libération condition- nelle elle-même demeurerait vaine, malgré ses garan- ties. La libération conditionnelle est une institution salutaire, dont un système pénitentiaire peut néan- moins se passer à la rigueur ; le patronage est essen- tiel. C'est la cicatrisation de la blessure, qui ne se produit pas sans traitement, qu'une médication savante

1. Pourquoi, a dit la cour de Limoges, dans son rapport à la commission d'enquête de 1872, ces deux termes condamnation et patronage ne sont-ils pas inséparables....., sans patronage, l'idée de condamnation demeure à l'état de notion imparfaite. » Enq. parlem., T. IV, p. 161.

2. Séance du 16 juillet.

3. « A quoi bon, a dit M. Charles Lucas, l'administration s'occu- perait-elle dans l'intérieur des prisons, de donner aux condamnés l'habitude de la probité et celle du travail, si, à leur sortie, la société par l'opiniâtreté de ses antipathies et la dureté de ses refus lui rendait ce travail et cette probité impossibles. »
V. égal. Bérenger, T. II, p. 338 ; Bonnev. de Mars.; Inst. com- plém., p. 577.

est susceptible d'activer, mais qui seule efface complètement les traces du mal.

La théorie des peines et les nécessités de la pratique
mènent, par conséquent, au patronage.

SECTION II

CARACTÈRES DU PATRONAGE

Trois questions :

Le patronage doit-il être :

1° Un droit ou une faveur ?
2° Obligatoire ou facultatif ?
3° Officiel ou privé ?

1° *Le patronage doit-il être un droit ou une faveur ?*

Bien que fondé sur l'équité, le patronage ne peut
être considéré comme un droit acquis au libéré par
son amendement, car si la société a l'obligation morale
de favoriser le reclassement des amendés, elle n'est
point tenue de réparer un préjudice qui ne lui est pas
imputable. De même que le pauvre n'a aucun droit à
l'assistance, le libéré ne doit avoir aucun droit au

patronage. D'ailleurs, le droit au patronage, qui néces-
siterait l'organisation officielle de l'institution, nuirait
à son efficacité en diminuant la bonne volonté des
patrons et leur confiance dans les libérés patronnés.
Il faut, par conséquent, que le patronage soit une pure
faveur. C'est ainsi qu'il est envisagé partout.

2° Le patronage doit-il être obligatoire ou facultatif ?

Mais la société ne peut-elle, dans l'intérêt public,
imposer au libéré le patronage, auquel il n'a aucun
droit ? Ce caractère obligatoire paraît tout d'abord
susceptible d'étendre les bons effets du patronage en
soumettant à son action des natures non réfractaires
au reclassement, privées des bienfaits de l'assistance
par leur mollesse ou leur manque d'initiative.

De tous les pays qui possèdent le patronage, un seul,
le canton suisse de Saint-Gall, l'a imposé aux libérés.
« Après sa libération, dit l'art. 6 de la loi du 24 octobre 1838, chaque détenu du canton ou y domicilié
devra se mettre pendant la durée de trois mois au
minimum, jusqu'à celle de trois ans maximum, sous la
protection d'une société de patronage [1] ».

Nous pourrions rapprocher de cette disposition
l'art. 19 de notre loi du 9 août 1850, qui place le jeune
libéré pendant trois ans sous le patronage de l'assis-

1. Enq. parlem., T. II, p. 191.

tance publique, s'il ne fallait voir dans ce patronage spécial une tutelle de l'État.

Le caractère obligatoire ne convient nullement au patronage qui, pour être efficace, doit apparaître au libéré non comme une contrainte, mais comme une faveur précieuse. Le bon vouloir et la confiance sont les pivots de cette institution. Nous avons dit que le droit au patronage leur porterait atteinte du côté des patrons, l'assistance forcée leur serait plus préjudiciable encore du côté des libérés. La plupart se soumettraient avec répugnance à cette direction suspecte, le patronage leur deviendrait odieux, tous ses efforts se briseraient contre une résistance sourde et méfiante. Il serait même discrédité dans le public et, tandis que, facultatif, il peut atténuer le mauvais effet de la condamnation, imposé, il n'aurait plus aucune valeur.

En somme, le caractère obligatoire, loin d'étendre l'action du patronage, aurait pour résultat de l'enrayer et de la restreindre, car, non seulement l'assistance forcée ne profiterait à aucun de ceux qui, libres d'agir, ne l'auraient point sollicitée ; mais, d'autre part, elle demeurerait inefficace vis-à-vis de certaines natures qui se seraient abandonnées à sa bonne influence, si elles n'avaient été contraintes.

Aussi, suivant l'opinion émise au congrès de Stockolm, par M. Padua de Fleury [1], n'admettrons-nous même pas le patronage obligatoire pour remplacer, dans l'intérêt du libéré, la surveillance administrative.

1. Desportes et Leféb., La Science pénit. au Congr. de Stock., p. 232.

La délégation de la surveillance aux sociétés de patronage est, comme nous l'avons dit en traitant de la libération conditionnelle, une excellente mesure. Le libéré sent trop son avantage pour ne point venir spontanément, en pareil cas, solliciter l'assistance. Mais pourquoi vouloir l'affranchir contre son gré de la surveillance de la police.

D'ailleurs, sans l'organisation officielle, le patronage obligatoire ne peut être pratiqué dans un pays d'une certaine étendue.

3° *Le patronage doit-il être officiel ou privé?*

Le patronage, étant une mesure d'intérêt social, il semble que l'Etat doive lui assurer une action générale et continue en l'exerçant lui-même par crainte de l'indifférence, de l'insuffisance ou de l'inconstance de l'initiative privée. D'où le patronage officiel.

Ce système, longtemps pratiqué par la Belgique, actuellement suivi en Irlande, en Suisse dans le canton Saint-Gall, et en Amérique dans le Massachussetts, le New-Hamsphire, le Rhode-Island et le New-Jersey[1] a compté en France, au début de la réforme pénitentiaire, de nombreux partisans, parmi lesquels nous citerons Bonneville de Marsangy[2] et le ministre Duchâtel.

1. Desportes et Lefébure, La Science pénit. au Congr. de Stock., p. 221.

2. Instit. complém. rég. pénit., p. 606

Lors de l'enquête de 1872, certaines cours, notamment Dijon et Rouen, se déclarèrent en sa faveur [1]; mais il fut combattu par la plupart d'entre elles, qui, avec la cour de cassation [2], se prononcèrent pour l'initiative privée.

La Belgique a dû l'abandonner après trente ans d'inutiles efforts et fait aujourd'hui appel au dévouement des particuliers. Il a été repoussé par le congrès de Stockholm [3]. Presque tous les spécialistes, entr'autres MM. Stevens, Prins, Beltrani-Scalia et Bérenger [4], sont partisans du patronage privé, dont le principe a été implicitement consacré par notre loi du 14 août 1885 et qui tend à se généraliser de plus en plus.

Nous ne voulons point contester les bons résultats obtenus dans certains pays par l'organisation officielle; l'initiative privée nous paraît cependant préférable au point de vue de l'efficacité du patronage. Sans doute, elle ne répond pas dès le début à tous les besoins comme l'assistance officielle; sa mise en marche est lente, mais elle présente l'avantage de se recruter librement, tandis que le patronage officiel est une charge imposée à des fonctionnaires.

« La charité ne se commande pas par décret », a dit la cour de Besançon [5]. Quel zèle attendre de personnes

1. Enq. parlem., T. IV, pp. 345 et 431.

2. Enq. parlem., T. V, p. 32.

3. Desportes et Leféb. La Science pénit. au Congr. de Stock., p. 240.

4. Enq. parlem., T. II, p. 167. — La loi sur libér. condit. et cond. condit., p. 43. — Riform. pénitent., p. 339. — Offic. sess. extr. 1883, Sénat ann. 149, p. 1191.

5. Enq. parlem., T. IV, p. 103.

contraintes, qui ne croient peut-être même pas à la possibilité d'amender les délinquants. L'exercice du patronage est une tâche délicate, toute de discrétion; n'est-ce
point un motif suffisant pour en faire le monopole de la
bonne volonté? Quelle confiance peut inspirer au libéré
le patronage de l'Etat? Le patronage officiel comme le
patronage obligatoire, auquel il est d'ailleurs intimement lié, n'a-t-il pas quelque chose de la surveillance
de la police?

En France, la plupart des partisans du patronage
officiel, M. Bonneville de Marsangy [1] notamment, ont
proposé d'en confier l'exercice aux commissions de surveillance des prisons. Cette combinaison, conseillée en
1873 par un petit nombre de cours d'appel ne fait disparaître aucun des inconvénients du patronage de l'Etat.
Nous retrouvons la même contrainte et la même
étiquette administrative. Les commissions peuvent être
très utiles aux sociétés de patronage, mais elles doivent se borner à les seconder [2]. Encourager l'initiative
privée, lui faciliter sa tâche, lui venir en aide par la
reconnaissance d'utilité publique et par des subventions,
éviter les abus par une certaine surveillance, voilà le
rôle de l'Etat en matière de patronage. S'il veut l'étendre, il risque de compromettre l'institution.

En résumé, il faut pour être efficace que le patronage
présente le caractère d'une faveur, qu'il soit facultatif
ou privé.

2. Instit. complém., p. 608.

1. Dans ce sens, notamment Cour de Toulouse, Enq. parlem.,
T. v, p. 264.

SECTION III

Le patronage a pour but de faciliter le reclassement du libéré repentant.

Il doit donc s'efforcer tout d'abord de le réconcilier avec sa famille, pour peu que celle-ci offre des garanties suffisantes de moralité. Les visites aux détenus, sinon à toute époque, du moins quelques mois avant la mise en liberté, comme l'a conseillé la cour de cassation[1] en 1873, pourraient être très utiles à ce point de vue[2].

Si le retour dans la famille est impossible, il faut que le patronage, par ses indications et sa garantie morale, aide le libéré dans la recherche du travail et lui fournisse momentanément un abri pour le soustraire aux mauvaises influences (particulièrement dangereuses au sortir de la prison) qu'il pourrait rencontrer dans les auberges ou garnis de bas étage. Les secours en nature et surtout en argent doivent être excessivement rares.

Quels que soient le zèle et les relations des sociétés de patronage, il est très difficile de procurer du travail

---

1. Enq. parlem., T. v, p. 31.

2. Desportes et Leféb. Science pénit. au Cong. de Stock., p. 227, Prins. La loi sur la libér. condit. et les cond. condit., p. 44.

à certaines catégories de libérés, les femmes, les récidivistes, les réclusionnaires. La bonne conduite pendant la détention ne suffit pas ordinairement pour triompher de la répugnance et des craintes qu'inspirent une faute grave ou l'habitude du délit. Dès lors, que faire de ces malheureux ? Les abandonner après quelques jours d'assistance ou leur accorder un répit en rapport avec les obstacles qu'ils rencontrent.

Personne ne conteste la nécessité des refuges, même perpétuels pour les femmes, mais la question des asiles pour hommes a soulevé de vives critiques [1]. En Autriche, les entrepreneurs de l'Etat s'engagent, par une clause spéciale, à réserver un certain nombre de places aux libérés de bonne conduite [2]. En Irlande, les convicts subissent la dernière partie de leur peine dans les maisons intermédiaires de Lusk et de Smiethfield, dont le régime a pour but de prouver au public leur aptitude au reclassement. Les excellents résultats de cette période au point de vue du placement des libérés sont incontestables. Or, si nous la dépouillons de son caractère pénal, la maison intermédiaire ne devient-elle pas l'asile temporaire, sans rien perdre toutefois de son efficacité, puisque cette efficacité réside dans la facilité donnée au libéré de regagner la confiance par le spectacle de son travail et de la régularité de sa vie.

On reproche aux asiles de compromettre l'ordre

---

1. Le Congrès de Stockholm s'est prononcé en faveur des asiles. Desp. et Leféb. op. cit., p. 228. V. égal. Bonneville, Instit. compl., p. 586. Contre Stevens, Enq. parlem., T. II, p. 167.

2. Desportes et Leféb. Science pénit. au Congr. de Stock, p. 224.

public et de procurer au libéré une situation préférable
à celle de beaucoup d'honnêtes gens. Nous répondrons
d'abord que l'asile n'est pas destiné à tous les libérés
sans exception, mais seulement aux libérés amendés ou
du moins présumés tels. Il existe plusieurs asiles de ce
genre en Europe et nulle part leur voisinage n'a donné
lieu à des désordres. L'ouverture de l'asile Saint-
Léonard , sur le territoire de Couzon , dans le
Rhône, effraya les habitants de cette commune ; une
longue expérience a démontré combien ces craintes
étaient vaines. Nous remarquerons ensuite que le séjour
dans l'asile doit être temporaire, non perpétuel ; ce
secours transitoire de quelques mois pour permettre à
des hommes suspects de faire la preuve de leurs bonnes
résolutions ne peut être considéré comme une injustice
à l'égard des honnêtes gens.

On nous objecterait avec plus de raison que l'asile
temporaire éloigne l'obstacle, mais ne le supprime pas,
car beaucoup de libérés, arrivés au terme de leur
séjour, sans avoir pu réussir à se procurer du travail,
sortiront de l'asile voués à la misère et à la récidive.
L'émigration, employée depuis longtemps en Angleterre, paraît de nature, sinon à résoudre, du moins à
restreindre notablement la difficulté. Il serait bon
d'habituer dès la prison une certaine classe de délinquants à l'idée d'aller chercher dans les colonies et les
pays d'outre-mer, où les bras font défaut, le travail
qu'elle ne peut trouver dans la métropole et de la préparer à cette nouvelle destination [1].

1. V. au sujet de l'émigration des libérés, Prins., Libér. condit.
et cond. condit. p. 46. Beltr. Scalia, Rif. pénitent., p. 341.

CHAPITRE II

Historique.

Nous étudierons l'évolution du patronage dans quatre sections :

SECTION PREMIÈRE

ORIGINE DE L'INSTITUTION

Malgré le précepte évangélique, qui fait de l'assistance aux prisonniers un devoir, la révolution sociale opérée par le christianisme n'avait point adouci le sort des condamnés. Plusieurs siècles après ces paroles du Christ : « J'étais en prison et vous êtes venu à moi », on pourrait appliquer aux cachots du moyen-âge ce vers du Dante : « Lasciate ogni speranza, voi ché'n-trate[1]. »

La société rejetait impitoyablement de son sein le criminel abandonné à l'arbitraire du juge ; il ne comptait plus pour elle et la législation avait même traduit, dans certains cas, cette séparation irrévocable par la fiction de la mort civile, vestige de la servitude pénale romaine, qui, à travers toutes nos réformes humanitaires, s'est maintenue dans nos lois jusqu'en 1854. Les peuples sont comme les hommes, à mesure qu'ils avancent en âge, leur esprit se développe, les idées changent, les préjugés tombent, la notion du juste s'élargit. N'oublions pas que la responsabilité se règle sur l'intelligence de l'acte.

Cependant, même à cette époque, la situation des prisonniers éveillait déjà la sollicitude de certaines âmes d'élite. Nous voyons, par exemple, au sixième siècle, un officier de la cour de Clovis, saint Léonard, s'occuper d'adoucir le sort de ces malheureux en les employant à des travaux d'agriculture dans le monastère du pays de Limoges, où il s'était retiré. La civilisation a, comme la science, ses avants-coureurs, qui, mieux doués que les contemporains, les précèdent et les guident dans la voie du progrès.

Au commencement du treizième siècle, un mouvement religieux se produisit en faveur du rachat des

---

1. Enfer, chant troisième, strophe troisième.

captifs. Les Trinitaires en France et les membres de l'ordre de la Merci en Espagne[1] parcouraient les villes, demandant l'aumône pour arracher aux musulmans les prisonniers chrétiens, dont ils dépeignaient les souffrances. Il se peut que ces œuvres fondées surtout dans le but de délivrer les captifs, mais consacrant aussi leur zèle à la visite des malfaiteurs emprisonnés aient préparé l'éclosion des confréries et des ordres religieux, qui devaient, dans les siècles suivants, en Europe, plus particulièrement dans le midi de la France et en Espagne, préluder au patronage par des secours matériels et moraux donnés aux condamnés dans les prisons et après leur mise en liberté.

Deux de ces confréries existent encore dans notre pays et continuent à rendre des services comme associations de patronage, l'œuvre des prisons d'Aix, qui a des ramifications à Toulon et à Marseille, et le bureau de la Miséricorde de Toulouse, L'œuvre des prisons date de 1555. Le bureau de la Miséricorde fut solennellement établi à Toulouse, le 25 février 1570, dans l'église Saint-Sernin, sous la protection de l'archevêque, le cardinal d'Armagnac. Le pape Grégoire XIII approuva ses statuts en 1580. Un homme allait alors apparaître, saint Vincent de Paul, qui ne devait pas oublier dans son dévouement pour les pauvres, les plus malheureux d'entre eux, les prisonniers.

Au dix-septième siècle, se forma, sous les auspices du président Lamoignon, une société qui a porté jus-

---

1. L'Ordre des Trinitaires fut fondé en 1198; l'Ordre de la Merci en 1218.

qu'en 1787 le nom de son protecteur [1]. Beaucoup de particuliers profitaient également à cette époque des facilités qui leur étaient accordées pour visiter et soulager les détenus des prisons de Paris [2].

Sous l'influence des philosophes, le siècle suivant vit se dessiner en Europe et surtout en France un mouvement des esprits, déjà préparés à ces idées nouvelles, vers une réforme pénale et pénitentiaire, dont le philanthrope anglais John Howard se fit l'apôtre. Enfin, le 7 février 1776, à la veille de la déclaration de l'indépendance américaine, des citoyens illustres, au nombre desquels se trouvait Franklin, organisèrent à Philadelphie, sous la dénomination de « Society for assisting distressed prisoners », une société dans le but de venir en aide aux condamnés par la visite des détenus, l'assistance des libérés et la réforme des prisons en vue de l'amendement [3].

Jusque-là les associations de secours s'étaient bornées à faire œuvre de compassion; on se proposait maintenant le reclassement des coupables; le patronage était né.

---

1. Léon Lefébure : Le Prisonnier libéré, Correspondant 1880 (25 mai), p. 586. Sur ces diverses associations, v. Léon Lefébure, etc.

2. V. Guillot, Les Prisons de Paris et les prisonniers, pp. 56, 57.
Lit de justice du 8 mars 1788 sur la révision des lois criminelles, cit. V. égal. au sujet de ce mouv. de réforme, Guillot, op. cit. p. 61.

3. Leféb. Prisonnier libéré (Correspond. 1880, 25 juin), p. 1050. Fuchs. Le Patronage des détenus libérés (Bullet. soc. génér. du pris., 1889, p. 688).

SECTION II

DÉVELOPPEMENT DU PATRONAGE

Nous le verrons, à partir de cette époque, gagner peu à peu du terrain et, de concert avec les nouvelles doctrines pénitentiaires, prendre pied progressivement dans toutes les nations de l'Europe.

Le 24 avril 1797, une société, qui devait bientôt disparaître, se constitue dans l'île danoise de Fionie pour l'assistance des enfants de la maison correctionnelle d'Ordensée [1]. L'enfance inspirant plus d'intérêt et d'espoir, a, la première, dans beaucoup de pays, profité du patronage. En 1804, deux asiles pour les jeunes libérés des deux sexes s'ouvrent en Angleterre. La tourmente révolutionnaire avait emporté les associations de secours de l'ancienne France. L'œuvre des prisons d'Aix, dont le représentant Miollis réclamait, dès l'an V, le rétablissement comme indispensable, reparaît en 1807, après une interruption de treize ans. Puis, se réorganise le bureau de la Miséricorde, qui, par une dérogation à l'ordonnance du 9 avril 1819, devenait tout entier, quelques années plus tard, la commission de surveillance des prisons de Toulouse,

1. Prins, Libér. condit. et cond. condit., p. 43.

Enfin, l'ancienne société Lamoignon est reconstituée en 1809 [1].

1811 voit se former à Genève un « comité moral pour l'amendement des détenus », qui, légalement sanctionné en 1825, fournit, en 1834, deux sections, dont l'une spécialement chargée du patronage des libérés [2]. En 1817, une quakeresse, Mme Fry, écœurée par une visite à la prison de Newgate, organise à Londres une société de dames pour l'assistance des femmes détenues. Consacrant son temps et sa fortune à l'amélioration du sort des prisonniers et à leur moralisation, Mme Fry, qui entreprit, à l'exemple d'Howard, plusieurs voyages à l'étranger pour répandre ses idées de réforme, a exercé une grande influence sur le développement du patronage en Europe.

En 1820 se fonde dans le canton de Bâle-ville une commission pour le patronage des libérés et des individus détenus dans les maisons de travail forcé [3], en 1822, à Strasbourg, une association pour l'assistance des jeunes libérés [4]. Vers la même époque, sur l'initiative de la *Society for the reformation of juvenile delinquens* des asiles pour l'enfance coupable ou abandonnée s'établissent aux États-Unis [5].

1. V. sur ces trois sociétés : Lefébure, Pris. libéré (Correspond., 1880, 25 mai), p. 586 et (25 juil.), p. 355. — La société de la Miséricorde de Toulouse a été reconnue d'utilité publique par ordonnance du 7 avril 1830 et décret du 20 juin 1850.

2. Enq parlem., T. IV, p. 287.

3. Fuchs, Patron. des dét. lib. (Bullet. soc. génér. des pris., 1889, p. 749).

4. Enq. parlem., T. IV, p. 289.

5. Fuchs. op. cit., p. 690.

A la lenteur des premiers pas, allait succéder tout à
coup une période d'épanouissement rapide, marquée
par la création de sociétés vigoureuses, véritables points
d'appui du patronage.

En 1823, un philanthrope distingué, M. Suringar,
jetait, en Hollande, les premières bases de la célèbre
association néerlandaise [1]. En 1825, un prosélyte de
Mme Fry, M. Théodore Fliedner, pasteur de Kaisers-
werth, dans le cercle de Dusseldorf, résolut de se
dévouer au relèvement des condamnés. Son ardeur vint
à bout des difficultés les plus décourageantes. Entraî-
nés par son exemple, quelques hommes charitables
s'unirent à lui et formèrent le noyau de la société
rhénano-westphalienne, — germe du patronage en Allemagne, — dont le but était défini avec une concision
digne de remarque par cette devise tirée de l'Ecriture :
« Reformatio in capite et in membris ».

L'approbation des statuts par le roi de Prusse,
Frédéric-Guillaume III, obtenue après une longue résistance, grâce à l'intervention de plusieurs personnages,
en particulier de l'archevêque de Cologne, provoque
chez le pasteur Fliedner un redoublement de zèle. Il
multiplie ses efforts et sa propagande. Bientôt, en 1827,
se crée, à Berlin, une société qui établit des comités
correspondants dans diverses villes, notamment à Post-
dam et à Breslau (1829). En 1830, le roi et le prince
royal donnent leur adhésion. Dès lors, le patronage
se développe en Allemagne. Des sociétés s'organisent
dans le duché de Bade (1830), le Wurtemberg (1831),

1. Enq. parlem., T. vi, p. 421. (Rapport d'Haussonville.)

la Saxe (1836), la Hesse, le duché d'Oldembourg, le Hanovre (1841). En 1846, des représentants de la plupart des Etats allemands se réunissent à Francfort et proclament la nécessité du patronage [1].

D'autre part, en Belgique, une ordonnance royale du 4 décembre 1835, charge les commissions de surveillance des prisons d'établir le patronage dont elle leur confie la direction [2].

En 1838, le canton de Saint-Gall applique le patronage officiel et obligatoire. Vers cette même époque, on voit naître, en Suisse, plusieurs sociétés [3].

En 1843, une association se crée à Copenhague [4].

En 1844, le mouvement gagne Florence et de là se propage dans les Etats du nord de l'Italie [5].

Puis vient le tour de la Norwège où, sous l'impulsion du prince Oscar, un certain nombre de sociétés se forment en peu de temps dans les différentes provinces du royaume. Le patronage pénètre, en 1846, en Autriche, où une première association s'organise à Gratz [6].

---

1. Sur la soc. rhén. Westph. et le développement du patron. en Allemagne. V. Lefébure, Prisonn. libéré (Correspond., 1880, 25 juin), pp. 1052 et 1053, Desportes et Lefébure, Science pénit. au Congr. de Stockh., p. 236-238.

2. Lefébure, Pris. lib. (Corresp. 1880, 25 juin), p. 1056. Fuchs, Patron. du dét. lib. (Bullet. Soc. génér. pris., 1889, p. 727.)

3. Enq. parlem., T. II, p. 191. — Fuchs, Patr. dét. lib. (B. Soc. gén. pris., 1884, p. 750).

4. Fuchs, op. cit., p. 696.

5. Lefébure, Pris. libér. (Corresp. 1880, 25 juin), p. 1055. — Fuchs, op. cit., p. 739.

6. Fuchs, op. cit., p. 742.

En 1853, le système des tickets *of leave* remplaçait, en Angleterre, la transportation entravée par la résistance des colonies et son application maladroite aboutissait bientôt à des résultats alarmants. Le patronage, jusque-là délaissé, apparut comme un remède efficace. Détail bizarre : le 12 mars 1856, eut lieu à Holborne un meeting de porteurs de tickets *of leave*, dans lequel, après des déclamations de toutes sortes, on émit l'idée de faire des démarches auprès de philanthropes pour la création d'une société ayant pour but de faciliter l'amendement[1]. L'année suivante, au moment où le parlement modifiait dans un sens plus rigoureux le bill du 20 août 1853, se fondait à Londres une « Discharged prisoners aid society », qui fut le point de départ d'une extension rapide du patronage en Angleterre[2].

La nécessité de venir en aide aux condamnés amendés au sortir de la prison ne devait pas échapper à sir Walter Crofton, qui ne pouvait manquer d'y voir la condition essentielle de tout système pénitentiaire. Le patronage n'existait pas en Irlande. De plus, les délinquants qu'il voulait régénérer étaient, en général, des hommes susceptibles d'inspirer, par la gravité de leurs fautes, une répulsion difficile à vaincre. Sir Crofton eut l'idée, pour rendre leur reclassement possible, de mettre le public à même d'apprécier leurs bonnes intentions en les lui montrant, laborieux et paisibles, dans la demi-liberté des maisons intermédiaires. Mais il y avait encore des préjugés à détruire : il fallait décider

---

1. Bonneville, Amélior. de la loi crim., T. II, p. 121.
2. Fuchs. op. cit., p. 692.

les honnêtes gens à prendre à leur service ces malfaiteurs transformés. M. Organ, instituteur de la prison
de Smiethfield, entreprit cette tâche ingrate. Au début
(1856), son dévouement rencontra de nombreuses résis-
tances ; il parcourut le comté de Dublin, après en avoir
au préalable dressé une carte des ressources indus-
trielles et agricoles , quêtant des emplois pour ses
libérés. Peu de personnes cédèrent d'abord à ses solli-
citations, mais bientôt, devant les résultats obtenus, la
confiance devint plus grande et, lors de l'enquête de
1863, M. Organ patronnait 140 libérés à Dublin. Le
placement effectué, M. Organ faisait discrètement des
visites fréquentes à ses protégés et recevait les rapports
des maîtres. Si un libéré venait à se mal conduire, il
avertissait la police qui s'était déchargée sur lui de la
surveillance [1].

Nous avons vu le patronage s'implanter successivement dans les principales nations de l'Europe ; nous
allons juger maintenant de son développement local
par l'exposé de son état actuel dans les différents pays.

---

1. Enq. parlem., T. III, pp. 58 et suiv. (broch. de miss. Carpenter
sur système irlandais).

SECTION III

ÉTAT ACTUEL DU PATRONAGE A L'ÉTRANGER

Ce sont les pays du nord qui présentent le plus grand développement et la meilleure organisation du patronage. On ne pouvait manquer avec la tendance récente à tout ramener à une question de race, de tirer argument de cette particularité pour faire de la prospérité du patronage le monopole des nations d'origine germanique. Cette opinion a été soutenue, il y a quelques années, au congrès des sciences sociales de Brighton, par un homme éminent, M. Murray-Browne[1]. Nous croyons plus logique d'attribuer la cause de l'inégalité constatée aux événements intérieurs et extérieurs, qui ont, à plusieurs reprises, dans le cours de ce siècle, bouleversé l'Europe latine.

Pour plus de clarté, nous diviserons les différents pays en deux groupes, suivant le degré de développement et d'organisation du patronage. D'où deux paragraphes :

§ 1. — Pays dans lesquels le patronage est prospère.

§ 2. — Pays dans lesquels le patronage est en voie d'organisation.

---

1. V. Lefébure, Prisonnier libéré (Corresp. 1880, 25 juin), p. 1049.

§ 1. — *Pays dans lesquels le patronage
est prospère.*

Etats-Unis d'Amérique. — Il existe dans la confédération américaine de nombreuses sociétés de patronage. La plupart de ces sociétés s'occupent des prévenus en même temps que des condamnés et des
libérés. La plus florissante, l'association de New-York,
compte 77 comités en relations avec un grand nombre
de personnes susceptibles de fournir du travail.

Le patronage s'exerce généralement par un agent
civil chargé de la partie matérielle et par un comité
qui visite les détenus. Le comité de Philadelphie se
compose de cinquante membres au moins. En récompense de ses services, la législation de l'Etat de Pensyl-
vanie lui a confié la surveillance des prisons. La
confédération américaine possède quelques asiles tem-
poraires pour les hommes et de nombreux refuges pour
les femmes [1].

Les sociétés des différents Etats agissent indépendamment les unes des autres. Il est à supposer que la
« National prison association », formée à la suite du
congrès de Cincinnati (1870), réalisera tôt ou tard
l'union [2].

---

1. Le patronage des jeunes délinquants y est très développé.

2. V. Fuchs, Patr. des dét. lib. (Bullet. soc. gén. pris. 1889,
p. 689 et suiv.). Lefébure, Prison. libér. (Corresp. 1880, 25 juin),
pp. 1050 et 1063.

Angleterre. — Le patronage est très développé en Angleterre. On y compte actuellement 63 discharged societies, dont quelques-unes exclusivement destinées aux convicts. La plus importante est la société royale de Londres. Ces œuvres sont vivement encouragées par le gouvernement et obtiennent l'appui de tous les grands personnages [1].

Le rôle actif est ordinairement attribué à des agents spéciaux. Les sociétés de patronage n'entrent guère en relations avec les condamnés avant leur libération. Les directeurs et les chapelains des prisons remplissent en général le rôle d'intermédiaires. Des comités de dames visitent et assistent les détenues. Certaines sociétés ont ouvert des asiles pour les hommes; nous citerons en premier rang celui de Wackefield. Pour les femmes, il existe un grand nombre de refuges et quelques établissements d'une œuvre, créée sous le nom de « Porte des prisons », par une nouvelle Mme Fry, miss Meredith, dans le but de recevoir les détenues au moment de leur libération et de pourvoir à leurs premiers besoins [2].

Enfin une société, fondée il y a déjà longtemps en Angleterre, en vue de l'organisation d'asiles pour les malheureux, et, depuis 1856, placée sous la protection du prince de Galles, la « Society reformatory and refuge union », s'efforce de multiplier les moyens d'action du

1. En 1890, le Lord-Maire a présidé un banquet de libérés à Londres.

2. Le patronage de l'enfance abandonnée ou coupable, dont la Howard association poursuit la moralisation, tient aussi une grande place en Angleterre.

patronage et d'augmenter son efficacité en donnant de
la cohésion à ses différents éléments. Les délégués,
réunis à Londres, ont nommé, en 1877, un comité
central permanent, mais les rapports entre les sociétés
ne sont pas encore réglés [1].

En *Irlande*, une agence administrative exerce le
patronage. Il existe néanmoins cinq sociétés [2].

Pays-Bas. — L'association néerlandaise couvre aujourd'hui de ses ramifications tout le royaume. Un
comité central, siégeant à Amsterdam, met les sections
en relation et répartit entre elles les libérés à patron-
ner. Les membres de ce comité sont élus tous les
ans par les délégués des sections. Des dames s'occupent
des libérées. Les commissions de surveillance de prisons ou collèges des régents viennent en aide au patronage en fournissant aux diverses sections des listes
trimestrielles des détenus libérables dans les trois mois
avec notes et renseignements sur chacun d'eux [3].

Suède et Norwège. — Le patronage s'exerce très
activement depuis quelques années dans les deux
royaumes.

Les sociétés de la Suède ont à leur tête une société
centrale, la société nationale de patronage.

La Norwège compte environ neuf sociétés [4].

---

1. Fuchs, op. cit. p. 693. Lefébure, op. cit., pp. 1054 et 1063.

2. Lallemand. Etude statistique sur les prisons de la Grande-
Bretagne (Bul. Soc. gén. des pris., 1890), p. 748.

3. Lefébure, op. cit., pp. 1055 et 1062; Fuch, op. cit., p. 737.

4. Fuchs, op. cit., p. 747.

Danemark. — Cinq grandes sociétés sont établies à Copenhague, Ordensee, Horsens, Viborg et Vriedsloschille. M. Lefébure rapporte que, de 1875 à 1880, l'assistance, maintenue à 615 libérés antérieurs, a été donnée à 1555 nouveaux libérés sur 2423 détenus arrivés au terme de leur peine.

Bien que se réunissant annuellement en assemblée générale, ces sociétés ne sont pas encore reliées entre elles par un comité central [1].

Allemagne. — Le patronage est très florissant en Allemagne. Les sociétés sont, en général, groupées dans chaque État ou province autour d'une société centrale ou de district. L'association des fonctionnaires de l'administration pénitentiaire, créée en 1860, travaille activement à les placer sous la dépendance d'une direction unique. Parmi les plus importantes associations de patronage de l'Allemagne, nous citerons, après la société Rhénano-Westphalienne, dont le centre est à Dusseldorf, la société du duché de Bade, celle de Berlin et celle du royaume de Wurtemberg. On rencontre aussi en Allemagne quelques rares patronages ecclésiastiques, formés par les conseils de paroisse, qui imposent l'assistance aux membres du clergé. De nombreux asiles appelés « colonies de travailleurs », reçoivent les ouvriers et les libérés sans travail. Ces établissements, considérés comme un excellent remède contre le vaga-

1. Lefébure, op. cit., p. 1055. — Fuchs, op. cit., pp. 697 et 698.

bondage et la récidive sont vus avec beaucoup de faveur en Allemagne et tendent à s'y propager [1].

Suisse. — Nous assistons, depuis quelques années, à un réveil énergique du patronage en Suisse [2]. Presque tous les cantons possèdent aujourd'hui des sociétés en pleine activité. Il faut citer au premier rang la société de Neuchâtel, réorganisée par le Dr Guillaume. La société de Genève, qui, fondée en 1886, a, dès le début, donné des marques d'une grande vitalité, mérite une mention toute particulière. Cette société, secondée par un comité de dames, exerce le patronage par des visites dans les derniers temps de la détention. Un agent spécial est chargé de recevoir les libérés et de s'occuper d'eux. En 1888, un asile temporaire s'est ouvert pour les hommes. Les femmes recueillies pendant quelques jours dans des chambres louées à cet effet sont envoyées dans des refuges si leur placement immédiat n'est pas jugé possible. L'œuvre a jusqu'ici des résultats très encourageants à son actif [3].

M. Félix Voisin regrettait, dans son rapport sur les prisons de la Suisse à la commission d'enquête de 1872, le manque de cohésion entre les sociétés de ce pays [4]. Grâce aux efforts de la société suisse pour la réforme

---

1. Fuchs, op. cit , p. 699 et suiv. V. égal. Dubois, Rapport de la Société des colonies de travailleurs pour le grand duché de Bade (exer. 1888). (Bull. Soc. gén. des pris., 1890, p. 237.)

2. En 1890, il y avait en Suisse quatorze sociétés. V. Fuchs, p. 750 et suiv.

3. V. 1er, 2e, et 3e rapports de la Société de Patronage pour les détenus libérés des prisons de Genève.

4. Enq. parlem.. T. II, p. 192.

pénitentiaire et de la société de Neuchâtel, les patronages des divers cantons se sont réunis en 1887 sous
la direction d'un comité central, dont la société de
Neuchâtel remplit les fonctions. Cette association, qui
a pris le nom d' « Union suisse », a pour but d'assurer
l'assistance et le rapatriement après la libération à tout
délinquant suisse détenu dans un canton, dont il n'est
pas originaire. Elle doit aussi conclure des conventions
analogues avec les pays voisins. Une convention de ce
genre, à laquelle ont adhéré de part et d'autre plusieurs
sociétés allemandes et suisses, notamment la société de
Genève, est intervenue en 1886, entre la société de
Bâle-ville et la société du Grand Duché de Bade. Le
comité central de l' « Union suisse » prépare en ce
moment un projet de convention avec les sociétés fran-
çaises [1]. Des arrangements existent déjà avec la société
centrale de Paris pour le patronage des libérés.

La Suisse tient donc à l'heure actuelle le premier rang
au point de vue de l'organisation du patronage. Elle est
l'initiatrice du patronage international, officiellement
approuvé et recommandé par le récent congrès pénitentiaire de Saint-Pétersbourg (juin 1890). Mais avant
d'entreprendre ce dernier perfectionnement et de son-
ger à porter l'action du patronage au delà des frontières, il importe de développer sérieusement l'institution
à l'intérieur, de rapprocher les sociétés d'un même pays,
d'établir entre elles un échange continuel de services
par un groupement qui fait encore défaut presque partout.

---

1. V. Rapports cités plus haut.

Tel est d'ailleurs l'avis du congrès de Saint-Pétersbourg, dont le vœu relatif au patronage international
se termine par cette observation :

« Dans le but de faciliter la création d'une institution
de patronage international, il est à souhaiter qu'au
préalable les sociétés de patronage qui existent dans
un pays s'unissent entre elles en créant un organe
central [1]. »

§ 2. — *Pays dans lesquels le patronage est encore en voie d'organisation.*

Autriche-Hongrie. — Malgré la faveur officielle,
les sociétés de patronage pour les libérés sont très peu
nombreuses en Autriche. La plus active, celle de Vienne,
fait bénéficier de son assistance les familles des condamnés et encourage l'offre du travail par des primes.
Il s'est formé en 1882, à Lemberg, une société qui tend
à devenir le point de départ et le centre du patronage
en Galicie,

La Hongrie ne possède qu'une seule société de
patronage, créée à Buda-Pesth en 1874 [2].

---

1. Séances des 6-18 juin 1890. — V. Rapport adressé au ministre
de l'intérieur sur le Congrès pénitentiaire international et l'exposition spéciale de Saint-Pétersbourg, par M. Herbette, directeur de
l'administration pénitentiaire. *Journal officiel* du 11 sept. 1890,
p 4570.

2. Fuchs, Patr. des dét. libér. (Bullet. soc. génér. des pris. 1889,
p. 743).

Rappelons qu'en Autriche des emplois d'ouvrier sont réservés aux libérés de bonne conduite dans les entreprises publiques.

Italie. — Le patronage renaît en Italie, grâce aux efforts du gouvernement. Un certain nombre de sociétés se sont formées depuis 1876. Citons comme les plus importantes celle de Florence et celle de Milan, cette dernière reconstituée en 1879. La société de Rome, organisée en 1877, ne fonctionne plus aujourd'hui [1].

Russie. — La Russie ne compte actuellement que deux sociétés de patronage pour les adultes, la société de Varsovie, secondée par un comité de dames, et la société des prisons de Finlande, dont le comité central siège à Helsingfors. Les libérés sont, en outre, reçus à Moscou, dans un asile fondé en 1867 par un riche particulier pour les indigents sans travail et à Saint-Pétersbourg dans l'asile créé en 1819. Des dames de la capitale ont ouvert, en 1875, un asile pour les femmes libérées. Le gouvernement russe, soucieux de la réforme pénitentiaire, se préoccupe depuis longtemps du développement du patronage [2].

Belgique. — Les derniers comités de canton, nommés par le roi, qui remplacèrent, en 1848, dans l'exercice du patronage officiel, les commissions de surveillance reconnues impuissantes ont disparu, depuis plusieurs années. La Belgique, découragée par cette longue

1. Fuchs, op. cit., pp. 740 et 741.
2. Lefébure, op. cit., p. 1054. Fuchs, op. cit., p. 744.

suite de mécomptes, s'est désintéressée quelque temps
de la réforme pénitentiaire qu'elle avait si activement
entreprise. Elle se remet à l'œuvre aujourd'hui. Après
le vote de la loi du 31 mai 1888, le gouvernement, se
conformant au vœu des législateurs, a fait appel à
l'initiative privée. Des sociétés se sont organisées dans
certaines villes, notamment à Bruxelles, à Liège, à
Gand, à Louvain, à Anvers et à Namur ; d'autres sont
en voie de formation [1].

Espagne. — L'évolution du patronage a commencé,
en Espagne, dans ces dernières années, en même temps
que la réforme pénitentiaire. L'intérêt se concentre
encore sur les jeunes détenus moralisés par des comités
de dames, *patronats de señoras*. Il n'existe qu'une seule
société d'assistance pour les libérés adultes, la *sociedad
española de prisones*, créée à Madrid en 1879. Une
société fondée vers la même époque à Barcelone, dans
le but d'activer la réforme pénitentiaire, a conçu le
généreux projet de couvrir l'Espagne d'un réseau de
patronage. Nul doute qu'elle ne réussisse dans cette
tâche difficile pour qui connaît les brillantes qualités
de cœur de nos voisins [2].

1. Fuchs, op. cit. p. 728. Prins, Loi sur lib. condit. et cond. condit., p. 44.

Un Congrès international réuni à Anvers, le 9 octobre 1890, a été
appelé par le gouvernement à examiner diverses questions relatives
au patronage. Quatorze résolutions ont été votées. A la suite de ce
Congrès, les Sociétés de patronage belges se sont fédérées (V. Bull.
Soc. génér. des prison. 1890, p. 900).

2. Fuchs, op. cit., p. 753.

SECTION IV

LE PATRONAGE EN FRANCE

Nous avons vu se reconstituer sous l'Empire l'œuvre des prisons d'Aix, le bureau de la Miséricorde de Toulouse et l'ancienne société Lamoignon. A partir de 1823 et surtout à la suite de la circulaire d'Argout du 3 décembre 1832, quelques sociétés se formèrent pour le patronage des jeunes détenus, notamment la Société de patronage des jeunes libérés de la Seine, dont MM. Charles Lucas et Bérenger père, furent les fondateurs. En 1839, les visites de Mme Fry à Saint-Lazare, eurent pour résultat la création d'un comité de dames dans le but de moraliser les détenues et de les aider après leur libération[1]. L'année précédente, M. l'abbé Coural, aumônier de la maison centrale de Montpellier, avait ouvert dans les environs de cette ville, sous le nom de solitude de Nazareth, un refuge pour les femmes libérées et les jeunes filles en correction[2].

La question de la réforme pénitentiaire préoccupait alors les esprits. Les bons résultats obtenus par le pa-

---

1. Guillot, Les prisons de Paris et les prisonniers, p. 307.

2. Lefébure, Prisonnier libéré (Corresp. 1880, 25 mai, p. 588). Compte-rendu 1888, Société générale de Patronage, p. 21.

tronage des jeunes libérés militaient en faveur du patronage des libérés adultes pratiqué déjà avec quelque
succès dans plusieurs pays de l'Europe. Des hommes politiques, des publicistes, considérant le patronage comme
la base de la réforme pénitentiaire, demandaient même
son organisation officielle[1]. La Belgique venait de faire
de ses commissions de surveillance de prisons des centres d'action, d'où le patronage devait rayonner sur
tout le royaume. Le 28 mai 1842, le ministre de l'intérieur, M. Duchâtel, adressa aux préfets une circulaire
dans laquelle il exposait, avec la nécessité et le but du
patronage, ses vues sur son organisation.

« Il me semblerait naturel, disait-il, de mettre à
profit pour le patronage une institution en pleine activité depuis vingt ans et dont les nouvelles attributions
ne seraient, en quelque sorte, que le complément de
son œuvre. Je veux parler des commissions de surveillance des prisons...

« Ces commissions pourraient avoir pour auxiliaires
et pour correspondants les fonctionnaires de l'ordre
administratif et de l'ordre judiciaire et ceux de tous
les autres départements voisins. Les ministres de la
religion voudraient tous aussi, à ne pas en douter, apporter à l'œuvre nouvelle le concours de leur dévouement et de leur charité. De cette manière, la commission
de surveillance de chaque arrondissement constituée en

---

1. « Je voudrais, écrivait en 1839 un publiciste, que tout employé
du gouvernement salarié par l'Etat fût de droit membre de la société
de patronage. La mission est assez importante pour que le gouvernement ait intérêt à l'imposer. » Guillot, des Libérés.

même temps société de patronage, étendrait son action dans toutes les communes rurales où elle aurait pour correspondants officiels le maire et ses adjoints, ainsi que le curé et le desservant. Elle y préparerait en temps utile avec leur concours les secours à donner aux libérés, au moment de leur arrivée [1]. »

Les conseils généraux furent consultés. La plupart, dans la crainte de créer aux libérés une situation privilégiée, se prononcèrent contre le patronage. Le principe du patronage officiel n'en fut pas moins inscrit dans le projet de loi de 1847 sur la réorganisation des prisons, dont les événements de 1848 empêchèrent le vote définitif.

« Des ordonnances royales, portait l'article 2 de ce projet, détermineront la composition et les attributions des commissions de surveillance et les rapports de l'autorité avec les sociétés de patronage, *qui seront instituées dans chaque arrondisement* [2]. »

De 1848 à 1869, il ne fut plus question du patronage. La commission nommée en 1869 pour préparer un nouveau projet de réforme pénitentiaire déclara son organisation indispensable [3]. A cette époque, il n'existait en France qu'un très petit nombre d'œuvres de patronage pour les adultes : pour les femmes quelques comités et quelques refuges, pour les hommes les anciennes associations déjà mentionnées et une société

1. V. Bonneville, Instit. complém. du rég. pénit, p. 608, n. 1, et Enq. parlem., T. v, p. 358.

2. Bonneville, Instit. complém., p. 612, n. 1.

3. Lefébure, Prisonn. libér. (Corresp. 1880, 25 mai, p. 588).

créée à Besançon en 1840 [1]. Mais beaucoup de sociétés
de bienfaisance venaient en aide aux détenus au moment de leur libération par des secours en vêtements
ou en numéraire. L'une d'elles, les Hospitaliers de
Lyon, avait même fondé en 1864, dans une commune
voisine de cette ville, pour les libérés soumis à la surveillance de la haute police, un asile qui devait donner
pendant la guerre un bel exemple de patriotisme. En
juin 1869, un pasteur, dont le zèle a été longtemps
exercé sur les détenus de la maison centrale d'Eysses
(Lot-et-Garonne), M. Robin, forma une société à Paris
pour le patronage des libérés protestants. Au mois de
février 1870, Mlle de Grandpré secondée par M. l'abbé
Simon, curé de Saint-Eustache, créa l'œuvre des
libérées de Saint-Lazare. La même année un chef de
bureau du ministère de l'intérieur, M. de Lamarque,
entreprit d'organiser de toutes pièces le patronage dans
notre pays en provoquant partout la constitution de
sociétés unies entre elles et actionnées par un comité
central. C'était renouveler au profit de l'initiative
privée le projet de M. Duchâtel.

De concert avec un de ses amis, M. Revell Lafon-
taine, il fonda dans ce but la Société générale de patronage, destinée à servir de comité central, tout en
s'occupant de l'assistance des libérés à Paris. Une
démarche fut tentée après la guerre auprès des conseils
généraux, pour obtenir leur concours (1872). Ces
assemblées se montrèrent favorables et quelques-unes
envoyèrent même des subventions. Pendant la grande

1. Enq. parlem. T. IV, p. 104.

enquête pénitentiaire, qui vint encore affirmer la nécessité du patronage, mais en rejetant le principe de l'organisation officielle, de nouveaux efforts furent tentés en province, notamment à Lyon, où le président Loyson forma une société avec l'aide de magistrats et de conseillers municipaux [1].

Depuis, le patronage n'a cessé de se développer en France. Un certain nombre de sociétés se sont organisées dans les départements. Nous citerons, comme les principales, les sociétés de Bordeaux, Rouen (1874), Nancy (1876), et la société fondée à Lyon par M. Vernet, en 1888.

Paris compte actuellement cinq sociétés de patronage pour les libérés adultes. La plus considérable est la société générale de patronage, reconnue d'utilité publique en 1875 (Décret du 4 novembre) et dirigée depuis déjà longtemps par M. le sénateur Bérenger.

La société générale qui peut rivaliser aujourd'hui par son importance et son activité avec la société royale de Londres, s'occupe surtout des libérés, sans distinction d'âge ni de sexe ; mais elle accueille aussi les individus arrêtés pour vagabondage et relâchés faute de motifs suffisants. Elle est représentée par un agent, qui statue sur les demandes d'admission à l'assistance. Deux asiles ouverts, l'un pour les hommes, en 1879, l'autre pour les femmes, en 1881, reçoivent momentanément les libérés. La durée du séjour dans l'asile des hommes ne peut en principe excéder dix jours. Les libérés sortent le matin pour chercher eux-

1. Enq. parlem. T. ii, p. 323.

même du travail. L'après-midi est consacrée à des travaux de cartonnage peu fructueux sans doute, mais qui permettent d'apprécier le bon vouloir des hospitalisés.

Le séjour se prolonge facilement dans l'asile des femmes au delà du délai maximum de deux mois fixé par le règlement. Les libérées, que la société ne peut placer immédiatement, apprennent depuis 1884 le métier de brocheuse et sont ainsi mises en état de gagner au sortir de l'asile un salaire rémunérateur.

En 1888, M. de Laubespin, sénateur de la Nièvre, a fait à la société générale de patronage une donation de quarante mille francs pour la fondation d'un asile spécial à la libération conditionnelle [1].

L'Œuvre des Libérées de Saint-Lazare, présidée aujourd'hui par M. Léon Bourgeois, ministre de l'instruction publique, a pris également une grande extension, grâce au zèle de sa présidente, Mme de Barrau et de sa directrice, Mme Bogelot. Comme la société générale, cette œuvre assiste non seulement les libérées, mais encore les femmes non maintenues en état d'arrestation, que lui adresse la préfecture de police. Le patronage s'exerce dès la prison par un comité de dames, qui visite les détenues. La société confie à une autre

---

1. La Société générale a patronné pendant l'année 1838, 2,459 libérés, dont 2,379 hommes et 80 femmes. Sur ce nombre, 2,202 hommes et les 80 femmes ont séjourné dans les asiles de la société.

En 1889, l'assistance a porté sur 1,590 libérés.

Sur le développement et le fonctionnement de la Société générale de patronage, voir Maxime Du Camp, Paris bienfaisant. Chap. II (III) et comptes rendus de la Société (années 1880-83 et 1888).

œuvre charitable, l'Hospitalité du travail, les libérées dont le placement offre des difficultés. Depuis 1888, deux petits asiles ont été aménagés à Billancourt [1].

Une société nouvelle, la Société centrale, s'est fondée à Paris le 19 octobre 1888, sous la présidence de M. Jules Steeg, inspecteur général de l'Université, en vue du patronage des libérés conditionnels et du patronage international. Elle est déjà en relation avec les sociétés de la plupart des pays voisins : Belgique, Luxembourg, Suisse, Italie, Espagne [2].

A côté de ces sociétés, qui assistent tous les libérés sans distinction de croyances, deux sociétés protestantes s'occupent spécialement des libérés de la religion réformée, la Société de patronage du pasteur Robin, secondée par la Maison hospitalière des ouvriers sans asile et sans travail [3] et l'Œuvre protestante des prisons de femmes, l'ancien comité fondé par Mme Fry [4].

En dehors des sociétés de patronage, de nombreux refuges, dirigés par des communautés religieuses, recueillent les femmes pour un temps indéterminé.

Il n'existe, au contraire, dans toute la France, qu'un seul asile de longue haleine ouvert aux hommes, l'asile Saint-Léonard de Couzon, dont nous avons déjà parlé.

---

1. V. Maxime du Camp, Paris bienfaisant, Chap. I (III et IV).

2. Du 19 octobre 1888 au 31 décembre 1889, [la Société centrale s'est occupée de 103 libérés, dont 54 ont obtenu du travail par ses soins. V. Compte rendu Soc. centr., 1890.

3. Pendant l'année 1889, la Soc. du pasteur Robin a patronné 547 hommes. V. Maxime Du Camp, Paris bienfaisant, Chap. III (1).

4. V. Guillot, Pris. Paris et les pris., p. 307.

Reconnu d'utilité publique le 6 mai 1868, cet asile, placé, depuis sa fondation, sous la direction d'un homme d'expérience et de dévouement, M. l'abbé Villion, reçoit dans la limite de ses vacances les libérés valides de vingt-cinq à quarante-cinq ans[1], qui ont adressé quelques jours avant leur mise en liberté une demande d'admission apostillée par le directeur de la prison ou par l'aumônier. Le libéré doit prendre l'engagement de séjourner six mois dans l'asile. Il touche 10 p. %. du produit de son travail, auxquels viennent s'ajouter des gratifications périodiques. Après le séjour réglementaire de six mois, les libérés de bonne conduite, qui veulent quitter l'asile sont aidés dans la recherche du travail.

En 1872, un legs de cent onze hectares dans l'Isère, a permis la fondation de l'annexe du Sauget, où vingt-cinq à trente libérés sont employés à l'industrie des toiles et à des travaux agricoles [2].

---

1. De préférence, les libérés soumis à l'interdiction de séjour, par conséquent les criminels ou les correctionnels récidivistes. Le nombre des hospitalisés varie de 50 à 65, ayant subi en moyenne dix condamnations. L'asile place environ 40 % des libérés de bonne conduite.

2. V. au sujet de l'asile Saint-Léonard, Enq. parlem. (Cour de Lyon), T. v, p. 187 et Rapport sur les refuges ouverts aux libérés par l'abbé Villion (Extr. Bullet. Soc. génér. des pris., 1888).

CHAPITRE III

Le Patronage dans la loi du 14 août 1885

Après avoir organisé la libération conditionnelle et avant de s'occuper de la réhabilitation, qui consacre le reclassement et couronne l'œuvre de la réforme morale, la loi du 14 août 1885, adoptant le système du patronage privé règle dans son titre II les rapports de l'État avec cette institution.

Le titre II contient deux dispositions, l'une relative au patronage en général, l'autre spéciale au patronage des libérés conditionnels.

1° *Disposition générale.*

« Les sociétés ou institutions agréées par l'administration pour le patronage des libérés, dit l'article 7 de la loi de 1885, reçoivent une subvention annuelle en rapport avec le nombre des libérés réellement patronnés par elles dans les limites du crédit spécial inscrit dans la loi des finances. »

Cet article a pour but d'encourager la formation par l'initiative privée d'institutions de patronage (sociétés, comités ou asiles) et de favoriser leur développement. A cet effet, il établit une base logique de répartition, qui assure à chacune d'elles, dans la mesure de ses services, une quote-part de la subvention budgétaire jusqu'alors distribuée au gré de l'administration. Suivant l'article 11, § 2, de la proposition Bérenger [1], la quote-part devait être proportionnelle au nombre des libérés réellement patronnés. Cette rédaction pouvait devenir la source de conflits regrettables. Le texte définitif tranche la difficulté au moyen de la formule moins précise « en rapport », laissant ainsi une certaine latitude à l'administration pénitentiaire pour laquelle le gouvernement réclamait le droit de répartir librement, comme autrefois, la subvention [2].

Cette subvention présente le double caractère d'une avance en ce que la diminution de la récidive doit entraîner une économie pour l'Etat et d'une sorte d'abonnement, car les institutions libres dispensent l'Etat de la création et de l'entretien d'un service spécial. Mais, contrairement à ce que paraissait craindre M. Camescasse [3], l'Etat n'est point engagé et les Chambres peuvent supprimer la subvention, comme elles peuvent la réduire sans que les institutions de patronage soient fondées à se déclarer lésées.

Pour éviter les abus, notre article n'admet pas indis-

---

1. Offic. Sén. sess. extr., ann. n° 253, p. 258.
2. Offic. Sess. extr. 1883, Sén., p. 1191.
3. Offic. Sess. ord. 1885, Chamb., p. 833.

tinctement toute institution de patronage à la répartition de la subvention budgétaire. La proposition
Bérenger (art. 10, § 2), exigeait la reconnaissance
d'utilité publique[1]. La commission du Sénat, écartant
cette procédure compliquée, lui a substitué le simple
agrément de l'administration pénitentiaire[2]. Cet agrément (constatation officielle de l'aptitude à l'exercice
du patronage), qui peut être retiré par l'administration,
si elle le juge à propos, confère uniquement le droit
de participer à la subvention. La reconnaissance d'utilité publique est seule susceptible d'attribuer la per-
sonnalité civile.

2° *Disposition spéciale.*

L'article 6 de la loi du 14 août 1885 donne à l'administration la faculté de déléguer aux institutions de
patronage la surveillance des libérés conditionnels.
Cette délégation constitue un surcroît de charges pour
l'institution qui la reçoit, dès lors contrainte de garder
le libéré jusqu'à son placement et d'effectuer ce placement dans des conditions particulières. D'autre part,
la libération anticipée fait réaliser à l'Etat une nouvelle
économie, économie d'entretien.

Aussi la loi de 1885 a-t-elle admis dans cette hypothèse une exception à la règle générale de répartition

1. Offic. Sén. sess. extr. ann. n° 253, p. 258.
2. Offic. sess. extr. 1883, Sén., p. 1191.

posée dans l'article précédent. En déléguant la surveillance, l'administration contracte l'obligation d'in-
demniser l'institution de patronage par une allocation
individuelle et quotidienne prélevée sur la subvention
budgétaire.

La proposition Bérenger avait fixé à un franc le taux
de cette allocation (art. 12, § 1) [1], réduit de moitié par
l'article 8 de la loi de 1885 ainsi conçu :

« Dans le cas du § 2 de l'article 6, l'administration
alloue à la société ou institution de patronage une somme
de cinquante centimes par jour pour chaque libéré,
pendant un temps égal à celui de la durée de la peine
restant à courir, sans que cette allocation puisse dépasser cent francs. »

Le but de cet article explique la double limitation
dont il est affecté.

L'allocation doit cesser : d'abord, à l'expiration de la
peine, car sa raison d'être, la surveillance, disparaît ;
en second lieu, à partir du moment où le libéré étant
définitivement placé, elle deviendrait un bénéfice pour
la société de patronage. Notre article considère implicitement le libéré comme définitivement placé après six
mois et demi.

La subvention accordée aux institutions de patronage a
été portée, en 1888, de 60,000 francs, chiffre de 1885, à
120,000 francs. La société générale de patronage touche
actuellement 40,000 francs. Certains pays étrangers se
montrent encore plus généreux. Sur un budget de
cent millions, la Suède donne 50,000 francs à ses sociétés.

---

1. Offic. Sén. sess. extr. ann. 253, p. 258.

En Angleterre, où une somme considérable est annuellement consacrée au patronage, la Société royale de Londres reçoit pour sa part 90,000 francs [1].

L'organisation d'une subvention indispensable au fonctionnement régulier et même dans les débuts à l'existence des institutions de patronage, procure à l'Etat le meilleur moyen d'exercer vis-à-vis de ces œuvres la protection et le contrôle auxquels doit strictement se borner son intervention. Les deux dispositions du titre II de la loi de 1885 suffisent par conséquent. Il est à regretter néanmoins que la commission du Sénat ait supprimé, comme superflue, cette déclaration inscrite en tête du titre correspondant de la proposition Bérenger : « Les sociétés instituées pour le patronage des libérés sont placées sous la protection du gouvernement (Tit. IV, art. 2, § 1) [2], car une telle formule, malgré son manque de portée pratique, met bien en évidence le lien étroit qui unit le patronage à l'administration pénitentiaire, dont il est l'auxiliaire indispensable. »

1. Offic. sess. extr. 1883, Sén., p. 1191.
2. Offi. Sén. sess. extr. ann. 253, p. 258.

CONCLUSION

Nous avons pu nous rendre compte, au cours de ce travail, de l'extension prise par la libération conditionnelle et par le patronage ainsi que des progrès réalisés dans leur organisation. Le développement rapide de ces deux moyens de reclassement et le souci des législateurs de les perfectionner, s'expliquent non-seulement par l'influence des idées, aujourd'hui prédominantes de l'école moralisatrice, mais surtout par les bons résultats obtenus dans tous les pays où ces institutions font l'objet d'une application sérieuse[1].

La France est encore dans les tâtonnements et les lenteurs d'une période de débuts. Nous avons vu cependant le patronage, bien qu'en pleine formation, donner déjà des marques d'une profonde vigueur, s'efforçant de jeter ses racines sur tout le territoire, de multiplier ses forces par une centralisation indispensable et, sous l'impulsion d'une généreuse impatience, de porter son action au delà des frontières.

---

1. V. Prins, La loi sur la libér. condit. et les cond. condit., pp. 39 et suiv.

La libération conditionnelle, après de pénibles commencements qui ont nécessité l'intervention de M. Bérenger à la tribune du Sénat (27 janvier 1888)[1], est enfin parvenue à vaincre tous préjugés et toute résistance.

Telle est, du moins, la conclusion naturelle du rapport adressé en juin 1890 au président de la République par le ministre de l'intérieur. Tandis que du mois de novembre 1885 au 23 février 1888, 861 libérations conditionnelles ont été prononcées, 3776 ont été accordées du 23 février 1888 au 1er janvier 1890[2]. Si nous rapprochons de ces chiffres un nombre de demandes de 3488 pendant la période dite d'essai et de 4078 pendant la seconde période, nous constatons une élévation de 26 0/0 à 69 0/0[3] dans la proportion des mises en liberté conditionnelles, sans augmentation sensible du nombre des révocations[4]. Le tableau consacré par le rapport aux moyens d'existence des libérés montre dans quelle large mesure la généralisation du patronage pourrait accroître ces résultats, puisque 27 postulants seulement ont dû à l'appui du patronage la libération conditionnelle, motivée pour 1482 par le travail auprès de la famille et pour 1263 par le travail en dehors de la famille.

Mais la complète efficacité de la libération conditionnelle et du patronage dépend du fonctionnement régulier d'un bon système pénitentiaire. La réforme des

---

1. Offic. 28 janv. 1888. Sén., p. 43.

2. Offic. 15 juin 1890, p. 2801.

3. Offic. 15 juin 1890, p. 2805.

4. Période d'essai, 2 révocations : du 23 février 1888 au 1er janvier 1890, 25 révocations. Offic., 15 juin 1890, p. 2801.

prisons, déjà réalisée dans la plupart des pays étrangers, va bientôt devenir chez nous une pure question de temps, grâce au projet de loi, voté par le Sénat le 1ᵉʳ juillet 1889 [1], dans lequel M. Bérenger a repris et développé les dispositions relatives à l'exécution de la loi du 5 juin 1875, dispositions primitivement destinées à composer le titre premier de la loi du 14 août 1885. C'est alors qu'apparaîtra le caractère logique de ce dosage graduel de la peine, — dernier terme du traitement curatif, dont la condamnation conditionnelle est le point de départ, — l'aggravation en cas de récidive, dénaturée dans la loi du 27 mars dernier par le maintien sans modification du § 7 de l'article 463 du Code pénal [2]. C'est alors surtout que la relégation aura sa raison d'être à l'égard de ce résidu demeuré réfractaire à tous les efforts, manifestement impropre à toute adaptation [3]. Car les mesures d'extrême rigueur, relégation ou détention perpétuelle, suivant le vœu de certains criminalistes, aussi justes quand elles s'appliquent à des ennemis irréconciliables de la société que le droit de légitime défense, deviennent odieuses lorsqu'elles frappent aveuglément des hommes, dont la

1. Offic. 1889, Sénat, séance du 1ᵉʳ juillet.

2. Adoptée par le Sénat après une longue discussion, la disposition de la proposition de loi Bérenger sur l'atténuation et l'aggravation des peines qui supprimait les mots « même en cas de récidive » du § 7 de l'art. 463 C. p., a été rejetée par la Chambre (Offic., Débats parl. Sénat, séances des 10, 20 et 27 juin 1890 ; Chambre, séance du 3 mars 1891).

3. V. not. journal le *Temps*, 8 mai 1885, A propos des récidivistes, par Jules Reinach.

criminalité permanente peut être la conséquence d'une méthode de correction insuffisante, le résultat de l'organisation sociale. On a quelque difficulté à comprendre que l'opinion publique, entraînant à sa suite ses représentants, se soit tournée tout d'abord, en France, vers l'expédient stérile[1] de la rélégation, au lieu de chercher dans un bon système d'amendement une arme sérieuse contre la récidive.

Il est vrai que l'opinion publique, au moins dans notre pays, où jusqu'à ces dernières années, la surveillance de la haute police lui a imposé le spectacle de malheureux voués à 'a rechute par la force des choses, ne croit guère à la possibilité de l'amendement. Les soixante-dix mille délinquants envoyés chaque année pour la première fois dans nos prisons sont-ils donc nécessairement condamnés à se transformer en malfaiteurs d'habitude? L'école positiviste italienne, ellemême, qui, reprenant la thèse de Gall, admet un criminel non pas à penchants héréditaires ou d'éducation, mais fatal, dont la délictuosité provient d'un cerveau déprimé par un crâne trop étroit, place à côté de cet incorrigible par nature un type essentiellement réformable, le délinquant par circonstance.

« Pour les criminels d'occasion, dit le chef de l'école, le Dr Lombroso, je me renferme tout-à-fait dans la sphère des lois communes et me contente de demander qu'on étende davantage les méthodes préventives[2]. »

1. V. notamment Tarde, Philosophie pénale, pp. 513 et 514.
2. Lombroso, l'*Uomo delinquente* (traduct. Regnier et Bournet), Préface, p. XVII.
V. égal. Garofalo, La Criminologie (trad. de l'auteur), pp. 405 et suiv.

Ecartons cette théorie hypothétique du criminel né, pour nous en tenir jusqu'à preuve contraire au vieux principe plus consolant de l'aptitude générale au repentir, formulé en termes remarquables par M. d'Haussonville dans cette phrase, qu'un de nos meilleurs maîtres a inscrite comme le résumé de sa doctrine au frontispice d'un ouvrage justement apprécié:

« Il n'y a pas d'homme incorrigible pas plus qu'il n'y a d'homme impeccable, et nul ne sait jusqu'à sa dernière heure quelle forme est capable de recevoir le mélange d'esprit et de boue (pour parler comme Pascal), dont il est pétri.

POSITIONS

DROIT ROMAIN

I. L'obligation du fidéjusseur contractée *in duriorem causam* est nulle pour le tout.

II. A l'époque classique, dans les actions arbitraires, la restitution de l'objet litigieux peut être poursuivie *manu militari*.

III. La *litis contestatio* opère novation relativement au droit litigieux.

IV. La simple *expensilatio* suffit pour donner naissance à une obligation *litteris*.

V. Les centumvirs n'ont exercé à Rome aucune juridiction criminelle.

DROIT CIVIL

I. La clause de paraphernalité insérée dans une donation faite à une femme qui s'est constitué en dot ses biens présents et à venir est valable.

II. Dans le partage d'ascendant par acte testamentaire, les descendants copartagés reçoivent comme héritiers, non comme légataires.

III. L'assurance sur la vie au profit des heritiers ne profite qu'aux héritiers acceptants.

IV. Sous le régime de la communauté légale ou réduite aux acquêts le droit au montant d'une assurance sur la vie contractée par le mari au profit de la femme constitue un propre de la femme.

V. Les héritiers du donateur peuvent opposer le défaut de transcription.

DROIT CRIMINEL

I. La condamnation conditionnelle (Loi du 26 mars 1891) est applicable aux délits-contraventions.

II. Dans le calcul de la peine, l'effet des circonstances atténuantes doit précéder l'atténuation de la minorité.

DROIT CONSTITUTIONNEL

I. Le mandat impératif est la négation du principe du gouvernement représentatif.

II L'électorat est un droit non une fonction.

DROIT INTERNATIONAL PUBLIC

1. Les capitulations ne sont pas abrogées par le fait de l'annexion d'une possession turque à une puissance étrangère ; elles ne peuvent disparaître qu'en vertu de l'accord des puissances signataires.

Vu par le Président de la thèse,

Toulouse, le 13 juin 1891

J. BRESSOLLES.

Vu par le Doyen de la Faculté de Droit,

Toulouse, le 13 juin 1881,

J, PAGET.

Vu et permis d'imprimer :

Toulouse, le 13 juin 1891,

Le Recteur,

A. PERROUD,

TABLE DES MATIÈRES

DROIT ROMAIN

DE LA JURIDICTION CRIMINELLE DES ASSEMBLÉES POPULAIRES

DROIT FRANÇAIS

DU RECLASSEMENT DES DÉLINQUANTS DANS LA SOCIÉTÉ. — LIBÉRATION CONDITIONNELLE ET PATRONAGE

PREMIÈRE PARTIE

DE LA LIBÉRATION CONDITIONNELLE

DEUXIÈME PARTIE

DU PATRONAGE

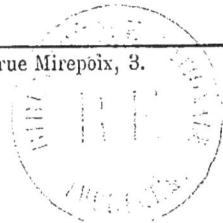

Toulouse. — Imp. Firmin Estellé, rue Mirepoix, 3.

www.ingramcontent.com/pod-product-compliance
Lightning Source LLC
Chambersburg PA
CBHW060416200326

41518CB00009B/1372